销售渠道把控经

吴学刚 ◎ 编著

 云南出版集团

图书在版编目（CIP）数据

销售渠道把控经 / 吴学刚编著．－－ 昆明 ：云南人民出版社，2021.6
ISBN 978-7-222-20117-0

Ⅰ．①销… Ⅱ．①吴… Ⅲ．①企业管理－销售管理 Ⅳ．① F274

中国版本图书馆 CIP 数据核字 (2021) 第 117023 号

出 品 人：赵石定
责任编辑：李　洁
特约编辑：祁俊娴
装帧设计：周　飞
责任校对：胡元青
责任印制：马文杰

销售渠道把控经
XIAOSHOU QUDAO BAKONGJING

吴学刚　编著

出版	云南出版集团　云南人民出版社
发行	云南人民出版社
社址	昆明市环城西路 609 号
邮编	650034
网址	www.ynpph.com.cn
E-mail	ynrms@sina.com
开本	710 mm×960mm　1/16
印张	17.5
字数	200 千
版次	2021 年 6 月第 1 版第 1 次印刷
印刷	永清县晔盛亚胶印有限公司
书号	ISBN978-7-222-20117-0
定价	45.00 元

如有图书质量及相关问题请与我社联系
审校部电话：0871-64164626 印制科电话：0871-64191534

云南人民出版社公众微信号

前　　言

有"现代营销学之父"美誉的经济学家菲利普·科特勒曾说："营销渠道是指某种货物或劳务从生产者向消费者移动时，取得这种货物或劳务所有权，或帮助转移其所有权的所有企业或个人。"

因此我们可以这样理解，营销渠道是一种途径，是个人或企业在进行某种货物（商品）交换时的桥梁。这种途径在移动的过程中是可变的，它会随着市场的变化而变化。如同血管是人体新陈代谢的通道一样，渠道是企业在市场经济大潮中成功搏击的生命之河。渠道的畅通与否，极大程度地影响着企业的成败。从这个意义上讲，将渠道建设列为最大的营销难题并不为过。

产品所有权从生产者向消费者转移的渠道已经引起人们的重视。尤其是在竞争日益激烈的今天，在这个生产者把分销渠道当成"救命稻草"的时代，分销渠道是否畅通已经成了评价一个企业是不是具有一定竞争力的标准

销售渠道把控经

之一,可以说,分销渠道已经成了企业的无形资产。

生产商不想受制于渠道商,希望自己的产品能够有更高的分销覆盖率,经销商们能够相互刺激分销,并希望经销商能够紧紧地团结在自己的身边,遵循生产商的政策"听话"地专销自己的产品,多家独销,心无旁骛;而渠道商又不想依附于生产商,总希望自己能够享有更多的支持和优待政策做独家总经销。这两个不同的利益群体,因其本身的价值背景不一样,往往存在着矛盾和冲突。这不仅是企业在市场经营中的主要矛盾,也是最基本的渠道矛盾,在具体的企业经营行为中表现为"独家与多家、控制与反控制、监督与反监督"的博弈关系,厂家与商家为渠道的话语权和主宰权争夺着、痛并快乐着。

在这种情况下,如何认识分销渠道?如何创建自己的分销渠道?如何利用自己的分销渠道?如何管理或者维护自己的分销渠道?如何节省渠道费用、提高企业利润?如何有效地解决窜货问题?如何解决赊账的欠款问题?如何加强对终端的控制?如何应对竞争对手高价买断终端?如何提高渠道的整合效率使产品能够迅速进入市场?如何提高渠道成员对配合产品推广的积极性?如何进行有序的利益分配?如何进行合理的渠道设计?这些问题是近年来长期困扰制造型企业的普遍问题,这也成为当代企业急需解决的营销问题。

互联网的出现,对传统渠道产生了极大冲击,企业经营也遇到了许多棘手的问题。现如今,企业如果不想输在起跑线上,必须有意识地从渠道管理及建设方面着手。因此,深入了解渠道,对渠道进行适时而又合理的管理,最后征服渠道,让渠道为企业"效劳",已成为目前很多企业的迫切需求。只有用

前　言

科学而合理的方法对渠道进行管理，企业才有利可盈，才可以在竞争日益激烈的今天生存下来，活得长久。

本书深入剖析了渠道结构设计、渠道成员选择、渠道产品定位、渠道开发、渠道成员管理、渠道成员激励、渠道后期服务等现实问题，为在渠道管理中陷入困境的企业提供了实战经验和系统解决方案。从理论到实操，从搭建到管理，让企业管理者和销售人员在面对渠道时不再纠结和迷茫，做到进退有度，维护有方，变通有法。

渠道是企业的生命线，不重视渠道、不懂渠道的企业，迟早会被淘汰；而精通渠道建设及管理的企业，势必将拥有更广阔的商业版图，赢得更多消费者的青睐。

目　录

第一章　渠道为王——没有渠道就没有出路

1. 渠道的力量不容小觑 003
2. 网络营销渠道要建好 005
3. 进行准确的渠道定位 009
4. 渠道的扁平化建设 013
5. 发展多渠道营销 017
6. 建立渠道联盟 020
7. 直销更容易实现分享 025

第二章　渠道定位——产品定位决定渠道定位

1. 品牌铸就辉煌 031
2. 市场细分，以顾客为主 035
3. 盯住消费者这个目标 038
4. 名字是产品的外衣 041
5. 让消费者觉得物美价廉 046
6. 定价该"高"还得高 048
7. 换种思维给产品定位 052
8. 推陈出新，以不变应万变 055
9. 要巧妙灵活的定价 057
10. 信誉是企业生存的基础 061
11. 驰名商标更是企业的巨大财富 064

第三章　渠道选择——找到最合适的合作伙伴

1. 合理定位渠道成员的角色 071
2. 谨慎识别一流的经销商 073
3. 明确渠道成员职能 076
4. 选择经销商的原则 079

目　　录

5. 渠道成员任务分配……………………………………… 083
6. 按步骤选择渠道成员…………………………………… 085
7. 客观评价经销商的优势和劣势………………………… 087
8. 广泛地获取渠道成员信息……………………………… 092
9. 最大的未必是最好的…………………………………… 095
10. 多种方法选择渠道成员………………………………… 098
11. 选择经销商，跟着市场领先者走……………………… 103
12. 经销商存在的问题……………………………………… 105

第四章　渠道管理——别让渠道失去控制

1. 有效管理，渠道精耕…………………………………… 111
2. 有效预防渠道窜货……………………………………… 114
3. 渠道冲突是怎么产生的………………………………… 122
4. 避免冲突，增强渠道凝聚力…………………………… 127
5. 调整渠道结构，化解冲突……………………………… 132
6. 不断进行渠道创新……………………………………… 140
7. 自建渠道，直接管理…………………………………… 143
8. 制胜于终端最关键……………………………………… 147

第五章 渠道激励——让经销商为你摇旗呐喊

1. 激励渠道成员很重要 155
2. 渠道激励的9个原则 158
3. 适时奖励，提升经销商的积极性 162
4. 让促销发挥积极作用 165
5. 间接激励比直接激励更重要 168
6. 返利是一种很好的激励策略 169
7. 提高利润，让经销商有"利"可图 174

第六章 渠道回款——确保企业血脉畅通

1. 回款是维系企业生命的血液 181
2. 提升自身素质，有效回款 185
3. 加强对应收账款的日常管理 190
4. 做好内部控制，为回款打好基础 195
5. 打电话催款要这样说才管用 204
6. 谁说催款函不能收回欠款 210
7. 召开会议，集中解决问题 217
8. 上门催讨必须讲究策略 221

目　　录

9．因人而异，巧用心理战术…………………………………227

10．场合不同，催款手段也不一样……………………………233

第七章　渠道服务——用"心"做好渠道

1．全力打造顾客忠诚度…………………………………………243

2．产品的售后服务一定要"做到位"…………………………246

3．"欢迎"客户的抱怨…………………………………………249

4．一流的服务带来一流的营销力………………………………253

5．构建全方位的售后服务体系…………………………………256

6．顾客就是"上帝"……………………………………………260

7．好的售后服务是一把无形利器………………………………263

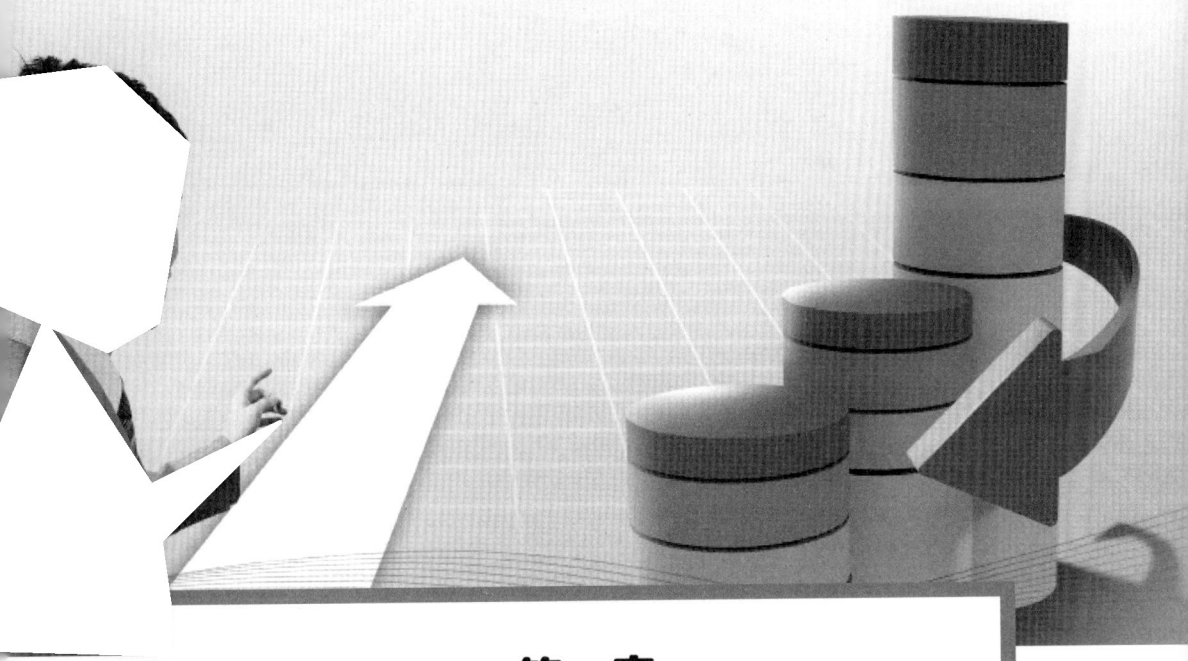

第一章
渠道为王
——没有渠道就没有出路

销售渠道是企业最重要的资产之一，同时也是变数最大的资产，它是企业将产品向消费者转移的过程中所经过的路径。实践表明，关注市场营销渠道并对其进行适当设计和管理的企业可以创造出强大的竞争优势。反之，若忽视渠道战略，企业将失去竞争能力。

第一章 渠道为王
——没有渠道就没有出路

1. 渠道的力量不容小觑

销售渠道是企业最重要的资产之一，同时也是变数最大的资产。它是企业把产品向消费者转移的过程中所经过的路径，这个路径包括企业自己设立的销售机构、代理商、经销商、零售店等。对产品来说，销售渠道不对产品本身进行增值，而是通过服务增加产品的附加价值；对企业来说，销售渠道起到物流、资金流、信息流、商流的作用，完成企业自身很难完成的任务。

不同的行业、不同的产品、不同规模的企业、不同的发展阶段，销售渠道的形态都不相同。20世纪80年代，一批外资大卖场率先进入中国以后，以其"实惠"的形象迅速打动了中国消费者的心，同时也带来了一批新词汇，于是进店费、店庆费、账期等等被制造商既痛又爱的词汇堂而皇之地进入了中国营销领域。在这场渠道管理新思维的角力中，绝大部分企业在衡量了利润与销量后，屈服了。

20世纪90年代，一批家电卖场出现了，其发展速度之迅猛令人瞠目结舌。于是消费者逐渐改变了原来在百货店购买电器的习惯，"逛逛家电卖场"成了他们的第一选择。更重要的是这一大批国内家电厂商在国美电器、永乐电器等一批家电卖场的影响下，家电业的产业规则显然已经由家电卖场

销售渠道把控经

改写!

进入21世纪后,消费者突然发现身边又多了一种新卖场——提供更便宜药价的平价大药房,其营业的火爆场面令人叹为观止。更值得关注的不仅有平价大药房,还有平价大药房背后的一批医药代理商。这些医药代理商拥有成规模的药品采购经销能力、环境良好的交易大厅、保存条件完善的医药仓库和物流系统,使大量医院(尤其是民营医院)、平价大药房、城乡医药网络有了更好、更放心、价格更便宜的药品供应。

除了以上单体规模巨大的渠道力量外,以连锁形式发展的渠道更是发展迅猛!从超市、便利店、家电专卖店、药店、书店等品类店到洗衣店、服装专卖店、汽车服务店等产品或服务专营店。

每一种类型的渠道连锁店、加盟店都是渠道中一股巨大的力量,它们改变着中国不同行业的产业规则,如最为明显的服装业,其终端由原先的小店向专柜、再向专卖店方向迅速转型,而客户也从原先零散的批发类客户(传统经销商)向批发、零售兼顾的新型渠道商(即除批发功能外,兼顾区域专卖店扩张的区域加盟商)。

除了连锁形态的渠道力量外,有独立资源价值的渠道更是能量不小,如酒饮业的餐饮渠道等。

酒饮业餐馆买店成风,因为卖什么酒餐馆自己说了算,在很多时候,服务员的介绍和餐馆的进货范围能直接影响酒类企业的生死。更有不少餐馆走连锁或平价路线,意图更大程度上利用买店的费用来盈利。酒饮业、餐馆类终端和能影响或控制餐馆的渠道力量,决定了酒饮业的"流行",因为"这东西大家都喝,肯定流行"……

有独立资源价值的渠道，最重要的价值在于，它们能够最终影响消费者决策，所以它们能够改写产业规则。从零售卖场到连锁终端，从家电、服装、酒饮等行业渠道力量的变迁到这些渠道成员的发展速度，我们不难看出"渠道是决定产业走向的重要力量之一"。

2. 网络营销渠道要建好

互联网作为信息双向交流和通信的工具，已经成为众多商家青睐的传播媒介，被称为继广播、报纸、杂志、电视之后的第五种媒体——数字媒体。互联网是一个虚拟世界，在这个名副其实的虚拟世界中，消费者、商家、产品和服务正在以数字形态在互联网上畅行无阻地流通着。随着电脑技术、NII（国家资讯基础建设）、ISDN（综合业务数字网）等的快速发展，信息网络已冲击到企业的经营与管理方式。世界因互联网而改变，渠道模式也必然来搭这趟早班车，网络营销模式以崭新的形态面世，成为与时代相适应的渠道管理模式。

网络营销渠道具有很多优势。利用电子网络技术，企业大大提高了获取、处理和传递信息的能力；通过互联网，企业的渠道可以覆盖全世界所有电子网络互通的地方，这挖掘了企业的潜在市场，也扩大了企业渠道的覆盖范围；通过数字化，电子网络还可能改变货款的支付方式、所有权的转移方式，甚至产品实体的移动方式。在产品实体的移动方面，虽然大部分实体商

销售渠道把控经

品的物流还难以用电子网络替代，但是电子网络却可以通过提高信息传送的效率，提高实体商品物流的效率。

在传统营销渠道中，中间商是其重要的组成部分。中间商之所以在营销渠道中占有重要地位，是因为利用中间商能够在广泛提供产品和进入目标市场方面发挥最高的效率。营销中间商凭借其业务往来关系、经验、专业化和规模经营，提供给公司的利润通常高于自营商店所能获取的利润。

但互联网的发展和商业应用，使得传统营销中间商凭借地缘原因获取的优势被互联网所取代，同时互联网高效率的信息交换，改变着过去传统营销渠道的诸多环节，将错综复杂的关系简化为单一关系。可以说，互联网的发展改变了营销渠道的结构。

利用互联网的信息交互特点，网上直销市场得到大力发展。因此，网络营销渠道可以分为两大类：一类是通过互联网实现的，从生产者到消费（使用）者的网络直接营销渠道（简称网上直销），这时传统中间商的职能发生了改变，由过去环节的中坚力量变成为直销渠道提供服务的中介机构，如提供货物运输配送服务的专业配送公司，提供货款网上结算服务的网上银行，以及提供产品信息发布和网站建设的ISP（互联网服务提供商）和电子商务服务商。网上直销渠道的建立，使得生产者和最终消费者直接连接和沟通。

另一类，是通过融入互联网技术后的中间商机构提供网络间接营销渠道。传统中间商由于融合了互联网技术，大大提高了中间商的交易效率、专门化程度和规模经济效益。

同时，新兴的中间商也对传统中间商产生了冲击，如美国零售业巨头为抵抗互联网对其零售市场的侵蚀，在2000年元月份开始在互联网上开设网上商店。基于互联网的新型网络间接营销渠道与传统间接分销渠道有着很大不同，传统间接分销渠道可能有多个中间环节，如一级批发商、二级批发商、零售商，而网络间接营销渠道只需要一个中间环节。

由于网上销售对象不同，因此网上销售渠道是有很大区别的。

一般来说网上销售主要有两种方式：

（1）B2B，即企业对企业的模式

这种模式每次交易量很大、交易次数较少，并且购买方比较集中，因此网上销售渠道的建设关键是建设好订货系统，方便购买企业进行选择；由于企业一般信用较好，通过网上结算实现付款，比较简单；另一方面，由于量大次数少，因此配送时可以进行专门运送，既可以保证速度也可以保证质量，减少中间环节造成损失。

（2）B2C，即企业对消费者模式

这种模式的每次交易量小、交易次数多，而且购买者非常分散，因此网上销售渠道的建设关键是结算系统和配送系统，这也是网上购物必须面对的门槛。由于国内的消费者信用机制还没有建立起来，加之缺少专业配送系统，因此开展网上购物活动时，特别是面对大众购物时必须解决好这两个环节才有可能获得成功。

在选择网络销售渠道时还要注意产品的特性，有些产品易于数字化，可以直接通过互联网传输；而对大多数有形产品，还必须依靠传统配送渠道来实现货物的空间移动，对于部分产品依赖的渠道，可以通过对互联网进行改造以最大限度提高渠道的效率，减少渠道运营中的人为失误和时间耽误造成的损失。

在具体建设网络销售渠道时，还要考虑到下面几个方面。

（1）消费者角度

商家在进行网络销售渠道设计时，要站在消费者的立场，充分为消费者考虑，采用他们比较容易接受的方式，第一时间吸引顾客的眼球。要抓住消费者的心理，尽可能地让他们克服网上购物不真实、不放心的感觉，现在普遍采用的货到付款方式就是一个很好的例子。

（2）选购模式

商家对订货系统的设计要简单明了、方便到位，切忌烦冗复杂、步骤太多，以免让消费者产生不耐烦的心理而影响其购物。"购物车"模式的开发是一个创新，它通过模拟现实超市，实现了让消费者在比较中选购，在选购完后统一结账，而且很多消费者本来没打算买的商品在浏览的过程中可能也会被一并购买，既方便使用又提高了销量。

（3）结算方式

商家在设计结算方式时，除了要根据自己目前实际状况，提供给消费者尽可能多的结算方式外，还要注意结算时的安全性问题。相对于买卖双方的直接结算方式，通过间接的第三方结算更为安全，例如现在普遍采用的支付宝。

（4）送货速度

高效的送货速度对商家而言同样重要，会让消费者感到网上购物跟实体店购物没什么区别，否则，拖拉的送货速度只会使消费者不断流失。

从无到有，从小到大，在这几年内，一批网络渠道企业的迅猛崛起，已经开始成为决定门户竞争的关键力量之一。它正在改变着亟待信息化的中小企业的生存环境，影响着网络服务市场的营销方式。"得渠道者得天下"，门户或服务商的营销网络建设，以及与渠道企业的关系即将面临全新的调整与整合。

3. 进行准确的渠道定位

产品的销售渠道是产品经由企业流通到消费者手中的路径。这个路径可长可短，可宽可窄，有直销、代销、批发、零售等不同的方式。产品的销售渠道定位，就是通过建立特殊的产品销售渠道和方式，使产品具有某种特色，以利于它在消费者心目中留下深刻的印象，占据一定的位置。例如，戴尔电脑的直销使产品具有了与众不同的突出特点，因而为消费者所熟知。

销售渠道不是产品本身的特质，而是一个外在的因素。因此，进行产品销售渠道定位，必须比照既定的产品定位策略，不可能想象在街头的杂货店里能买到意大利"老人头"皮鞋或是"皮尔·卡丹"西服，即使有，十有八九也是假冒的。

那么，如何选择最佳渠道来体现市场定位目标呢？对此，企业需要从三方面来设计：

（1）渠道宽度

渠道宽度是指企业在某一层次上所利用的中间商的数目。

中间商数目越多，说明渠道越宽；中间商越少，则渠道越窄。渠道宽度面临三种选择：密集分销、独家分销、选择分销。

销售渠道把控经

密集分销又称广泛分销，其具体表现是企业选用尽可能多的中间商经销自己的产品，使产品在目标市场上有"铺天盖地而来"之势，达到使自己的产品品牌充分显露"路人皆知"和随处可买，最广泛地占领目标市场、提高产品知名度的目的。一般来说，日用品、大部分食品、工业品中的标准化和通用化商品，需要经常补充或用于维修的商品及替换性强的商品等，多采用这种分销渠道。需要注意的是，企业想要推行密集分销渠道，必须把产品由高档零售店推广至大众零售店，这时企业对产品的陈列、服务、定价的控制将会减弱；同时，不同渠道的销售商为了自身的利益，很可能会展开价格战，这对企业的价格定位和产品形象将有所影响。

独家分销是指制造商在某一地区仅选择一家最合适的中间商专门推销其产品。独家分销适用于这样一种情况，企业想要严格控制自己的服务水平及经销商的服务水平。通常双方协商签订独家分销合同，规定经销商不得经营竞争者的品牌。独家分销有利于提高企业形象，能较好地实现产品的高价格定位和高服务水准定位。这种方式常见于新型汽车、大型家电和高档时装等。独家分销的缺陷是市场扩展有限，企业若错选了能力不强的经销商，即使广告规模再大，也可能失去某一区域的市场。

选择分销是指企业从所愿意经销其产品的中间商中挑选的最合适的中间商来推销其产品。这种分销渠道集中了密集分销和独家分销的优势，既能有效控制中间商，又能扩大市场规模。企业不必再为众多的中间商，特别是无利可图的中间商花费精力，并有望得到高于平均水平的营销业绩。例如具有400年历史的德国"贝克"啤酒进入北京市场时采用的就是选择分销渠道，他们确定了8家经销商并重点扶持，要求这8家经销商月销售量不得少于一个车皮，结果，由于选择的经销商得力，事实上月总销售量均增加了一倍。在选择分销渠道中，企业可以与选中的中间商建立良好的协作关系，使中间商能在广告、促销、陈列、价格、服务等方面配合企业的目标定位展开营销活动。

（2）渠道长度

渠道的长度是指中间商层次的多少。产品从生产企业流向消费者或用户的过程中，每经过一个对产品拥有所有权或负有销售责任的中间商机构称为一个层次。层次越多，营销渠道越长，层次越少，营销渠道越短。营销渠道最短只有两层，即从生产厂家直接到消费者手中；最长可能多达十几层，如进出口商品要经过进口商、代理商、批发商、零售商等多个环节，最后才能到达消费者手中。

渠道长度的选择应根据产品的性质、服务要求及价格水平来确定。一般来说，技术性强、需要较多售前和售后服务的产品，如机械设备、汽车、电视机、电冰箱、音响、空调等，需要较短的渠道。因为消费者或用户对这些商品的服务要求较高，需要进行一对一的个性化服务，如果渠道太长，生产商对顾客提供服务就难以保证，而较短的渠道则可以避免层层转手、维修和服务无人负责的现象。

另外，保鲜要求高、易腐烂的产品应尽快送达消费者手中，因而也应使用较短的渠道，将运输距离和转卖次数降至最少。有时，反应迅速的渠道被消费者认为是高服务水准的象征，如邮寄物品信件，消费者喜欢越快越好，这就迫使企业不得不提高服务水平，尽量减少环节，有些公司甚至对此做出承诺来吸引消费者。

一些单价低，对服务要求也低的标准化的产品，如牙膏、肥皂、香烟、卷纸等日用品，一般采用较长的渠道。因为消费者对这些日用品的要求是购买便利，对附加服务的要求较低，因而其销售比较分散，太短的渠道不可能面对不同地区的众多经销商。

（3）终端经销商

上面所介绍的渠道长度和宽度对产品定位的实现关系很大，而终端经销商的选择则对企业产品的市场定位有直接作用，因为终端经销商直接与消费者打交道，其环境与形象直接影响消费者的心理感受。例如，同一种计算机放在普通文具店里销售，与放在专门销售高新技术产品的商店里销售，给顾客的印象完全不同。放在普通文具店里销售的计算机，看上去好像青少年常用的学习机（档次较低）；放在专门销售高新技术产品商店里销售的计算机，看上去则像一种提高生产力的工具，而不是学习工具。

我们一般把终端经销商称为零售商。我国商品流通领域发生的重大变化主要体现在零售环节上。目前，我国一些主要城市的零售业态呈多元化发展，除了传统的百货店、专业商店之外，新型业态如超级市场、专卖店、便利店、货仓式商店、购物中心、邮购商店、自动售货机等都已出现，使消费者购买商品越来越快捷、方便，选择程度更高。国内零售企业已经逐步学会了根据环境变化和消费者需求采取相应的零售形式，从而使商品能比较顺利地进入消费领域，随时满足消费者的需要。

每一种零售业态都有自己的独特定位，都有自己的经营特色。生产企业在选择零售形式时要注意将其定位形象与自己产品的形象挂起钩来。任何商品若找不到它合适的销售位置，其定位便无从谈起。

当然，企业应该明白，仅仅靠选择合适的营销渠道来定位是远远不够的，企业必须在产品质量、价格、服务、广告宣传等方面相配合，才能完成产品的整体定位，任何仅靠单方面的定位都是行不通的。

4. 渠道的扁平化建设

长期以来，中国企业一直沿用传统的批发零售模式。这种金字塔式渠道的多层次框架，在供过于求、竞争激烈的市场营销环境下，存在着许多不可克服的缺点：一是企业难以有效地控制销售渠道；二是多层结构有碍于效率的提高，延误了产品到达消费者手中的时间，而且臃肿的渠道不利于形成产品的价格竞争优势；三是单项式、多层次的流通使得信息不能准确、及时反馈，导致企业对终端消费者的信息掌控不力；四是企业的销售政策不能得到有效的执行落实。因此，许多企业正将销售渠道改为扁平化的结构，即销售渠道越来越短、销售网点则越来越多。销售渠道变短，可以增加企业对渠道的控制力；销售网点增多，则有效地促进了产品的销售量。

对企业来说，营销渠道的扁平化建设不仅拉近了生产者与消费者在时空上的距离，而且还实现了诸如产品销售、信息交流、服务传递、资金流动等重要的经济职能。越来越多的国际著名企业已认识到，营销渠道管理不仅仅是指销售或供给，它更重要的是一种思维方式，一种与消费者建设新型联系以捕捉商业机会的方式，它可以改变游戏规则。

销售渠道把控经

过去，中国汽车市场上流行着这一垂直化的多层次营销体系。这一金字塔式的体系可能将一部分销售风险转嫁给经销商，但销售质量及服务难以监控的负面影响最终将威胁到企业自身的形象及生存。面对这种情况，上海通用毅然决定引入美国通用的营销模式，建立自己扁平化的专营区域分销网络，使上海通用成为中国汽车行业专卖店模式的先驱。

上海通用通过建立扁平化的营销渠道，确立了企业和产品品牌形象，降低了单位产品的营销成本，提高了企业整体竞争力，并以此为契机，掀开了中国传统渠道变革的营销新篇章。

随着经济的不断发展，国内大型工业企业纷纷进入商业领域，发动了一场规模浩大的渠道终端争夺战，其中以石化、食品、制药、家电、汽车等行业的龙头企业表现最为突出。他们着眼渠道控制和主导销售通路，倾心于打造自己的营销网络体系。因为制造商和经销商都十分清楚，渠道是否畅通，是营销成败的关键，拥有销售通途，就等于拥有明天。

制造商与经销商之间的合作是渠道扁平化的最佳体现，因为生产企业直接和零售系统打交道，绕开了渠道的所有中间环节，避免了渠道冲突，大幅降低了成本。对生产企业来说，这种"扁平化"的合作模式可以使他们跳过代理商直接与商家合作，从而减少了流通环节，降低了流通成本，并将更多的费用用于终端促销，极大地提高了产品的市场竞争力。也只有渠道扁平化，生产企业才能够在终端与消费者做直接、互动式的沟通，做好售前、售中、售后服务，更好地满足消费者的需求，最大化地实现自身的市场价值。

在产品供不应求的年代，生产企业占据着绝对优势，渠道根本没有发言权；在产品供求基本平衡的年代，做品牌的企业也能通过品牌优势占据主动，得到主流渠道和消费者的追捧；但是在当前买方市场的大环境下，各行业产品都已经生产过剩，企业如何才能创造出利于自身的卖方市场的小环境呢？一言以蔽之，拥有渠道就意味着拥有更广的市场。

现在很多行业渠道商的实力已经赶上或超过了做品牌的企业，企业已经开始要看渠道商的眼色行事了，如果实力悬殊再进一步扩大的话，可以预料市场局面将会变得更加复杂。通常来说，渠道商的发展壮大，有着制造商所不具备的优势。因为更多的时候，渠道商左右逢源，可以同时与多个制造商合作，进可攻、退可守。而制造商对渠道特别是主流渠道的依赖很严重，甚至是别无选择。

在市场产品越来越同质化的今天，来自渠道的推荐及促销的效应甚至已经超过品牌产品自身卖点的诱惑。特别是在那些实力相当的竞争对手之间的抗衡，对渠道的态度直接决定了他们的胜负。但是，现在的渠道商已经懂得多方制衡的原理。他们希望一些实力相当的企业相互制约，而并不希望某些企业过于强大。显然，在这样的合作博弈中，渠道无疑处于更为有利的位置。

实力雄厚的渠道商都在推出或者即将推出自有品牌的产品，抢占其经销的品牌产品的市场，成为品牌商的直接竞争对手，这已经是一种必然的发展趋势。并且，渠道商对品牌制造商产品的优缺点知根知底，更容易有的放矢地竞拼、抢夺市场。沃尔玛、家乐福等强势终端的崛起，已经在逐渐改变品牌带给消费者的影响。强势渠道已经逐渐成为一种质量和信誉的象征，对于很多产品来说，未来品牌的影响已经退居其次。譬如食用油、面粉、纸巾、

销售渠道把控经

大米等，这类产品即使没有名气，只要质量过硬，也完全可以在强势渠道里销售得非常好。

并且，一般厂商能够生产出来的产品，渠道商完全可以通过贴牌的方式生产出来，自己经销。因为拥有渠道，所以消费者在心理上容易信任渠道商销售的产品，除此之外，渠道商还在零售价格上拥有绝对的优势，并能轻易取得好的陈列位置，所以渠道商的产品便在无形中成了各品牌厂家强势的竞争对手。例如，沃尔玛在国外，其自有品牌产品的销售额已经达到42%，大量中国生产的商品被沃尔玛贴上自有商标在沃尔玛热卖。

强势渠道比如大商场、连锁店等都有自己的CI（企业识别系统），有统一的货柜、统一的工作服、统一的服务、统一的文化。卖场里，最醒目的、能刺激消费者视觉的无疑是渠道商自己的形象标志，而不是他们所出售的产品本身的品牌形象。这样，消费者在终端渠道那里感受到的几乎完全是来自渠道的形象冲击。所以，企业都斥巨资推广VI（视觉识别系统），如果不能有效地和终端渠道加以整合，恐怕更多的只能是在广告中露露脸，传播效果肯定是要大打折扣的。

在生产过剩、产品同质化严重的买方市场环境下，市场发展的定律就是这样：做品牌如果没有好的渠道，产品一定卖不出去；不做品牌如果有好的渠道，产品也许也能卖得出去。

那些只是依靠中间渠道进行商品流通的企业，品牌的发展必然面临着来自渠道商越来越大的压力。因为渠道商已经越来越强，这已经是不争的事实。除此之外，企业别无选择。大品牌的遭遇尚且如此，中小品牌就更不用说了。中小品牌想迅速扩张，一般都喜欢选择与强势渠道商进行合作，但往往又因为实力不足而受制于渠道商，留下许多不稳定的因素，面临一定的风险。很多中小品牌往往一着不慎就满盘皆输，一不小心便被扼杀在成长的摇篮里。

在市场经济日益全球化的今天，渠道扁平化已经成为发展的必然。赢得渠道便是赢得终端，决胜终端业已证明是时代进步的必然结果。因为，赢得了终端便能更为有效地接近消费者，而只有接近消费者的企业，才能在激烈竞争的市场大潮中立于不败之地。

5. 发展多渠道营销

多渠道营销系统是指一个公司建立两条或者更多的营销渠道以达到一个或者更多的目标顾客细分市场的做法。例如通用电气公司不但经营独立零售商品，还直接向建筑承包商销售大型家电产品。由于顾客市场和可能产生的渠道不断增加，越来越多的企业采用多渠道分销方式。

河北鲸鱼集团公司以生产轮胎为主，钢丝、自行车胎、炭黑的生产形成了一定规模，综合实力在全国同行业中位居前列。他们的先进经验之一就是塑造现代营销机制，全面推行代理制。具体做法是：

（1）精心选择代理商

从代理公司法人素质、经济实力、销售网络等方面考察代理商，规定代理商须具备三个基本条件：法人代表有注册登记证，本人诚实、可靠、懂管理、守信誉，所在公司有雄厚的资金做保证；已形成自己的销售网络，并有一定的市场辐射力；符合该公司销售网络布局，有办公场所、储存库和运输能力。同时，为了避免风险，保证代理经营的安全性，提供的铺底资金要求代理方以有价证券或房地产作抵押，并写出《抵押保证书》。

（2）对代理公司实行动态管理

对各代理商的运作情况实行公司内电脑联网监控，随时都可查看其提货、回款等运作情况。参照银行办法，对各代理商划分信誉等级，将逐月回款均符合协议约定的定为AAA级。对不履行合同或信誉差的代理商在清理完账目后及时淘汰，对符合区域要求的及时吸收加入，使代理商的队伍不断充实壮大，使布局更加合理，操作更加规范。

（3）建立厂商利益共同体

该公司认为："只有让代理商多赚钱，公司才能有客户、有市场、有钱赚。"因此为调动代理公司的积极性，本着互惠互利、长期合作的原则，建立了厂商利益共同体：划分代理区域，对设有代理公司的区域，不发展第二家，更不直接向该区其他用户供货；规范代理价格，各代理公司享受最低的优惠价格，年终按其鲸鱼轮胎销量分档享受酬金；提供启动资金，按各自年销售量的一定比例给其铺底资金，并根据其信誉等级分三档给其月周转资金；给予价格指导，为保障代理公司的利益，各代理公司的最低销价不得低于厂价的103%，若有违反，该公司将以当月提供总量计算，按指导价与实际倾销价差额给予罚款；保证货款回收，如超过付款期限，按日万分之五交滞纳金，两个月之内仍未付清，将依法清欠；入股分红，各代理公司可向鲸鱼公司申请入股，每股10万元，按其入股金额的50%给予周转金，年终按当期银行存款利率分得红利，并参加鲸鱼公司股东大会，可随时提出意见或建议。

这些措施的实行，使公司不仅建立了比较稳固的厂商利益共同体，还使代理制全面走向正轨；不但稳定了原有销售渠道，还使市场有了进一步扩大，产品打入东北、新疆、广西、四川、福建等边远地区。（摘自《走好经营三招棋取胜市场求发展》）

鲸鱼集团公司全面推行代理制，建立了稳固的厂商共同体，稳定了原有的销售渠道，而且进一步扩大了市场占有率，给公司带来了直接效益。选择代理商是合理设置分销渠道的重要途径之一。只有找到合适的代理商，建立起厂商利益共同体，才能随着代理商业务的扩展，使公司获得最大的利益。采用多渠道营销系统的好处主要有三点：

一是企业可以通过增加渠道而获得更多的细分市场，进而增加市场覆盖面。

二是企业可以通过发掘为现有顾客服务更有效的通路，降低渠道成本。

三是企业还可以通过增加那些更适合顾客需求的渠道，更好地为目标顾客服务。

当然，采用多渠道的营销系统必然会同时带来一些新的问题。一般来说，各渠道间的规范和控制问题是多渠道营销系统的主要问题。因此，营销主管在采用多渠道营销系统时必须注意以下三方面的问题：

首先是营销渠道的选择问题。就是在企业的营销系统中到底应当选择哪些渠道。由于每一个渠道都有其自身的优缺点，都会显现特定的人群特征，并且企业需要维持渠道运营的成本各不相同，因此，企业在选择渠道时应当充分结合自身的产品特点和资源水平，同时还要考虑企业渠道资源间的重合水平。通常来讲，这个渠道对于培养相关消费者的消费习惯具有较为显著的效果，一些以中高收入人群为目标消费者的消费品，尤其是新产品可以利用这个渠道开发目标市场，但这个渠道的维护成本通常较高，并且与目标消费者结合的时间会显现出较为固定的特征。

其次是营销渠道的结构问题。也就是企业营销系统中各渠道的数量结构、价格结构、区域结构等。如何维持渠道间以及各渠道内的结构平衡是决定多渠道系统运作质量的关键因素之一。

最后是营销渠道的控制问题。也就是企业在当前实际状态下对于营销渠道的实际控制能力状况。在实际工作中，由于企业对于营销渠道的控制能力要受资源、生命周期、管理者意愿、系统积累、产品特性等众多因素的约束，因此，只有在充分结合自身当前状态的基础上，企业才能够建立合理的多渠道营销系统。

6. 建立渠道联盟

渠道联盟是目前企业广泛应用的渠道定位策略，其优点也更明显，如增强企业与经销商或零售商之间的信息沟通、交流与合作，实现企业与经销商或零售商的"双赢"目标等。

渠道联盟通常有两种方式：一是企业与经销商共同建设渠道，二是企业与零售商共同进行渠道建设。在这两种方式中，企业的职能是一样的，都参与渠道管理，都行使管理职能，同时也在渠道管理过程中获取利益。

渠道联盟的成败取决于渠道成员选择策略是否正确、渠道方案是否合理以及渠道联盟双方的合作关系。

虽然生意是自己顾自己，但在这个竞争激烈的市场环境中，哪个企业都会有几个所谓的"战略合作伙伴"，抑或是同时遭遇到困难的难兄难弟之间的合作，抑或是利益捆绑紧密的上下游渠道之间的合作，但不管何种形式，都是共同利益把他们捆绑在一起的。结盟最根本的目的就是"资源共享，降低成本"。

市场走向成熟是渠道联盟的一个重要原因。现以IT（互联网技术）业为例进行说明。国内IT领域最早出现的渠道联盟是在20世纪90年代末期的PC（个人计算机）、打印机等。

改革开放以来，经过多年的发展，国内IT（互联网技术）应用市场已经逐步由卖方市场转向买方市场，渠道利润迅速下降，价格接近透明，渠道商终于明白，必须在产品价格上建立攻守同盟，才能共同谋求稳定的获利空间。因此，某些具备实力、能够掌控大部分产品资源的渠道商联合起来，针对某类产品的短期价格走势做出硬性规定，最初的渠道联盟由此形成。联想的PC（个人计算机）整机、惠普外设产品等成熟品牌的渠道体系内部，都曾出现过类似的渠道联盟。

但是这种渠道联盟的生命周期往往比较短，最长不超过半年时间就会分崩离析。这是因为这种由渠道商自发的初期联盟组织松散、程序简单、渠道间信任度不够、没有供应商高度配合等多种原因所致，但最主要的问题还是由于市场成熟度不高。

20世纪90年代末，IT（互联网技术）市场的高速增长势头初显放缓端倪。虽然渠道商已经明显地感到竞争的压力，渠道利润直线下降，产品价格体系日益混乱，但是这种市场的压力还没有传递到供应链上游，因此多数供应商依旧以争夺市场份额作为公司战略，供应链上游对产品资源的流向不能做到精准掌控，产品流向缺乏严格控制，使得渠道商之间的价格联盟脆弱不堪。

此外整体渠道生态发展不健全，经营者投机心理严重，也增加了当时渠道联盟的不稳定因素。甚至某些别有用心的渠道商仅用几台、十几台"特价"产品就可以冲破整个渠道价格体系，这在现在是不可想象的。这种局限于某一品牌体系内部、缺乏行动统一性以及相关监督机制的简单价格联盟是渠道联盟的初级形式。

随着市场情况的不断变化，出现了形式各异的渠道联盟类别，主要有以下几种：

（1）联盟会员制

联盟会员制是渠道成员通过协议组成一个联盟，参加联盟的成员称为会员，会员之间互相遵守联盟规则、互相协调、互相信任、互相帮助、共同发展。这种联盟形式主要分为四种：一是生产企业与批发商之间的联盟；二是批发商与零售商之间的联盟；三是生产企业与零售商之间的联盟；四是零售商之间的联盟。

一般来说，生产企业为联盟的核心和组织者，负责制定联盟规则，而中间商是联盟会员和参与者，可参与联盟规则的制定。联盟规则是供需双方的契约，对双方应享有的权利、应承担的义务、违反规则应负的责任都详细而具体地加以说明。当然，联盟规则的内容不得违反我国现行的相关法律法规，联盟规则一旦签署，供需双方的企业均要遵守。

（2）保证会员制

保证会员制是指中间商向生产企业缴纳一定额度的保证金或签订具有较强约束力的保证协议而得到会员资格的形式。有两种具体的方式：一是保证金会员制。是指当生产企业的产品供不应求或销售旺季时，往往会要求分销渠道的成员交纳一定额度的保证金来获得销售其产品的资格。二是协议会员制。在协议联盟中，协议各方的地位是平等的，会员无需向生产企业交纳保证金，但要受到协议的约束。

（3）特许专营会员制

特许专营是指在供需双方企业中，生产企业将自己的产品制作技术、无形资产、管理方式、经营诀窍以及培训方式等特许给中间商，准许中间商按照双方协议规定从事生产企业的同类活动的一种制度。被授予特许专营的中间商在特许的生产企业指导下，从事经营与销售，形成供需双方的联盟，各受许人就相当于联盟中的会员。

（4）联盟销售代理制

联盟销售代理制与一般意义上的非联盟销售代理制不同，联盟销售代理制一般采用的是生产企业的独家代理（包括总代理）形式或某地区的独家代理形式，生产企业只能委托一家代理销售企业，代理销售企业也只能代理一家同类产品的生产企业。联盟销售代理制的代理商与生产企业之间的代理协议约束力较强，双方在权利义务方面的约定比较广泛，牵涉的内容较多，协议期限较长。在联盟销售代理制中，生产企业利用的是代理商的分销网络优势，代理商利用的是生产企业的生产制造优势。

（5）联营企业

联营企业是指供需双方企业利用各自的优势以各种方式按照法律程序所形成的联合经营体，这些方式包括合资、合作和相互持股等。形成联营企业的供需双方企业在利益上更趋向一致性，更具备共担风险、共享利益的特性，从而合作的基础也更牢固。

随着产品销售渠道体系的不断成熟，代理级别清晰稳定，渠道分工日益细化，渠道商之间的联盟已经由当初价格联盟的简单功能向多元化拓展。尤其是某些强力经销商的出现，使得产品资源能够在渠道终端实现真正整合，摆脱了以往一盘散沙、资源分散难控的渠道状况。

事实上，现阶段某些多元化产品经销商背靠优厚的产品资源，已经使渠道联盟摆脱了局限于单一品牌内部的现象。通过经销商有效的激励手段，不同品牌、不同产品线可以在二级渠道商层面实现交叉销售。这种构建在多种产品资源之上的、以合理的激励手段为保证的立体型渠道联盟的稳定性明显加强。

总而言之，渠道联盟是企业进行渠道定位时可以考虑的策略之一。而且，渠道联盟任重而道远，需要企业不断探索和创新。

7. 直销更容易实现分享

传统的渠道形式大都表现为多层次的渠道层级，因此，生产商的商品需经过批发、零售、店铺等多层次的传递才能最终到达消费者手中。多层次的传递导致多重中间利润，使得交易费用由此而上升。

为了获得相对竞争优势，厂商需要一种比竞争对手更及时、更有效、更经济的方式去满足目标市场期待的满意，于是在这种强烈的需求驱使下，便促成了直接营销这种无店铺销售的渠道方式。通过这种方式，制造商便可以不需要经过经销商和零售店铺将产品直接销售给消费者。这样，制造商在大量降低交易费用的同时，又为消费者带来了商品购买的及时性、有效性、经济性、方便性，从而使消费者的让渡价值增大。所以，直接营销这种渠道方式必会有更为广阔的发展空间。

在这种情形下，人们呼唤着既能方便地获知产品、服务信息，又能足不出户地购得所需产品的营销方式。而直接营销作为信息传递、实现销售的有效方式不仅满足了人们的前述需求，更在满足人们需求的同时，为消费者提供了传递信息，传递产品以外的多方面的满意和价值。进一步地说，直接营销为消费者带来的不仅仅是产品和服务，更重要的是大大节约了消费者采用传统信息接收手段、传统购物渠道购买产品获得服务的机会成本。

"好东西与好朋友分享"，这是直销人员常说的一句话。而直销的销售

销售渠道把控经

方式之所以可以叫分享，就是因为一样的产品，一样的价钱，大家一起使用，这三者缺一不可，缺少一样都不可以叫分享。

要想实现分享，可以采用以下两种方式。

家庭聚会

家庭聚会是分享的主要方法之一，在美国、日本等地都很流行。家庭聚会气氛温馨，富有人情味，很容易使人消除戒心，拉近感情，所以是分享生活化产品的好场合。一般家庭聚会的做法如下：

（1）事先确定并邀约参加者，邀约对象不要过多，三五人就可以了。

（2）主人要请有经验的直销商帮手，最好与邀请对象的人数相当，方便每人照顾一个。

（3）与产品说明会不同，家庭聚会分享的产品种类及数量不宜过多，最好是围绕一个主题。

（4）产品分享以试用为主，讲解为辅，切忌讲解过多。

（5）结尾时要有产品订购行为。

（6）主人可以用一些简单的茶点做招待，但不宜招待过分，冲淡主题。

（7）虽然是家庭聚会，但要把小孩子安顿好，否则参加者无法集中注意力。

（8）结束时约定下次家庭聚会的时间地点。

（9）除此之外，家庭聚会的功能有两个，一是发展新的受用者，二是联络旧的受用者。对于旧的受用者可以举办一些特别主题的家庭聚会，例如就某一个主题举行一次产品功效分享会，人人都可以谈谈自身的体会；如有新产品上市时，召集新产品试用聚会等等。如果家庭聚会做得好，受用者群体就会得以巩固与扩展。家庭聚会以一个直销商小组为基本规模，以小组长为核心，轮流举办。

产品说明会

直销商在平时分享产品时应生活化，不宜讲解过多，但如果需要较为系统和专业化的讲解时，就要借助产品说明会。产品说明会是直销的主要组织活动之一，产品说明会与家庭聚会有所不同，主要表现在以下四个方面：

（1）产品说明会以产品的讲解为主，以产品的试用为辅。

（2）产品说明会的讲解会比较专业化，里面有很多与产品有关的科学知识。

（3）产品说明会一般都有专业的主讲者。因为现在直销商队伍中有各方面的专业人士，如医生、护士、营养师、美容师等，这些人的专业特长可以在直销中发挥作用。

（4）产品说明会所讲解的产品在种类数量上都比较全面。产品说明会的专业化内容及形象，可以增强听者对产品的信心。直销商如果懂得充分利用产品说明会的功能，并懂得家庭聚会与产品说明会互相衔接，就会使产品的分享既生活化又专业化。

第二章
渠道定位
——产品定位决定渠道定位

在产品、价格，及至广告日益同质化的今天，越来越多的企业发现，单凭产品的独有优势，已经很难在市场上赢得竞争的优势。在这种背景下，广大企业已经认识到，只有对产品进行合理定位，才能产生渠道差异化的竞争优势。

第二章 渠道定位
——产品定位决定渠道定位

1. 品牌铸就辉煌

随着社会商品生产总量的激增,商品短缺的现象已不复存在,即便是新产品,也只能独领数日风骚,在利益的驱使下,会有无数企业群起仿效,甚至创制出更新的产品。与此同时,由于人们生活水平的提高,物质文化消费已逐步由生存型向享受型转变,一般消费者已不满足于以往物美价廉的追求,而是转向对服务性消费和商品自身附加价值的更高要求。于是,名牌消费日趋成为一种时尚。

这种情况下,消费者购买商品的唯一选择就是品牌。拥有品牌,就意味着拥有市场,拥有效益。越来越多的企业家已经认识到,市场竞争的实质就是形象竞争,而企业形象竞争的核心,则是品牌竞争。

品牌的价值是巨大的。可口可乐总裁伍德拉夫曾说:"即使可口可乐公司在全球的工厂一夜之间化为灰烬,但凭借可口可乐这块牌子,就能在短期内很快地恢复原样。"伍德拉夫绝不是夸夸其谈,截至2019年,可口可乐的品牌价值高达808亿美元。市场在经历了价格竞争、质量竞争和服务竞争等阶段后,进入了一个新阶段——品牌竞争。一个市场没有品牌,将会萧条;一个地方没有品牌,将会落后。品牌对于我们来说已不再陌生,因为现代生活中的品牌已是生活结构的一部分。随着我国市场经济的日趋成熟,品牌已渗透到我们生活中的各个领域，突出表现是早在20世纪90年代末，被政府喻为"菜篮子工程"的产品品牌化，它是品牌渗透于我们生活的标志。

一块普通的手表只要几十元、几百元，而一块劳力士或雷达则可高达几千元甚至几万元。这几十倍几百倍的价格差异，仅仅是产品间的差距吗？当然不是。产品与产品之间的质量、材料、款式的确有差异，但这种物理差异不可能有几十倍几百倍之多，劳力士、雷达的价值主要在于品牌而不是产品。品牌不仅仅意味着产品的质量、性能或款式的优秀，事实上消费心理才是真正的重点。同时，品牌是身份的象征，在几十年前有一块表就是一种荣耀，那是产品力时代，而现在的品牌力时代，仅仅产品优秀远远不够，大街上几十元、几百元的手表很少有人问津，而价值连城的名表却成了许多人强烈的渴望与追求。因为劳力士、雷达是体现自我价值、优越感的标志。

消费者更愿意购买有品牌的产品和服务，并愿意付出更多的代价。品牌让产品升华，品牌做得越久积累越多，产品则不然。

同样的产品，贴不贴品牌标签，对消费者而言意义完全不一样。产品竞争与品牌竞争完全是两个不同层面的竞争，正如坐宝马的人与坐夏利的人是两个层面的人一样，在很多"半被动消费"中，物的享受反而是其次的，品牌带来的意义远远大过产品本身。

品牌的形成需要时间的沉淀和积累，品牌的创建需要拿出勇气和实力。因为面对纷繁复杂的有形品牌和无形品牌，面对有品牌产品和无品牌产品，如果没有勇气和实力同竞争对手去抢、去拼，品牌是无法建立的，那品牌的信赖、忠诚与延伸则更是无从谈起。

第二章 渠道定位
——产品定位决定渠道定位

尽管杰克·丹尼尔威士忌酒早在1911年便在圣路易世界博览会中获奖，而且拥有一些诸如总统、作家、影星等忠实的消费者，但当温顿·史密夫接手该厂的经营管理时，它已是属于走下坡路的高价货了，而且，它并不是真正意义上的名牌酒，因为它并不普及，知道这种酒好的人很少。

对杰克·丹尼尔威士忌酒的喜爱和对其质量的信心，促使史密夫决心对这一现象加以改变。通过市场分析，史密夫意识到，杰克·丹尼尔威士忌酒不能普及并不在于价格高，而是因为它的较高的酒精含量早已不能迎合人们口味趋淡的倾向。由此史密夫设想，如果杰克·丹尼尔威士忌酒降到较低的标准酒精度，再加上它香醇味道的特色，便大有可能获得消费者的偏爱。

为此，史密夫制定了一套三管齐下的长期性策略：

第一，使杰克·丹尼尔威士忌酒成为公认的世界佳酿之一，是威士忌中的极品；

第二，以稳固的全国性消费专卖权为基础，争取最完善的经销网；

第三，争取酒业界承认它是盈利高的上等产品，值得在酒商的酒架上占据显著位置。

这些目标实现起来相当不易，但史密夫坚持不懈，并为之制定了详尽的市场策略。在产生它独特味道的制造方式上，公司决不做出妥协；坚决维持统一高价，并坚决反对批发商或零售商的削价评估；广告务必不断反映酒厂的独特性，并要刻意塑造出消费者和产品之间情笃意深的意境；不断努力使公司广告力量和推销工作密切配合。

销售渠道把控经

史密夫安排下属展开柔中有刚的广告宣传，再配合以迅速而果断的行动，使得公司的计划取得了成功，杰克·丹尼尔威士忌在消费者中的知名度直线上升。

随着销售额激增而来的问题便是所有存货都卖光了，消费需求大大超过了它的供应能力。威士忌酒和大多数产品不同，需储藏多年才能变成陈年佳酿，一般都要花四至五年时间。最短视的办法也许是贸然增大产量和缩短酿制时间，但这无疑是对产品的质量让步，很可能会使千辛万苦创立的名牌形象毁于一旦。

史密夫直率地要求他们的顾客和代理商一起忍耐、等待，他通过广告告诉他们："我们宁愿请你耐心等待而不愿失掉你对杰克·丹尼尔威士忌酒的尊重。"

对消费者而言，货源短缺更加强了这种威士忌酒的珍贵形象，惹人注目。时至今日，消费者对杰克·丹尼尔威士忌的需求仍是供不应求，尽管扩大生产后，公司的供应量已增加了4倍多。

"品牌铸就辉煌"，也将征服消费者的心。品牌之所以被消费者所认同和追逐，其魅力就在于它使人能够享受品牌所带来的实惠和放心，其魅力放射出来的光芒是耀眼的，是可信的，是有着巨大价值和浓厚文化底蕴的。

2. 市场细分，以顾客为主

市场细分是根据顾客需求的不同，将整个市场划分为若干个分别由相同需求的顾客组成的较小市场的过程。也就是说，市场细分是以顾客为对象，根据顾客需求的差异性把市场分为若干个顾客群体，每个顾客群体就组成一个细分市场。细分市场内的顾客有很多类似的消费行为和习惯，相互之间的需求差异是微小的。而在不同的细分市场内，顾客需求的差异则是很大的。

需要注意的是，市场细分的对象是人，而不是物。这里的市场是指顾客、消费者、购买商品或服务的个人和集体。市场细分与按照交换内容、交换方式、经营区域、商品类型等为标准划分的市场类型是不同的。市场细分的目的是要在商品近似、对手如林的市场中为自己企业的产品寻找到一个成长壮大的空间。

中国饮料市场的巨大潜力，曾经吸引了众多国际和国内饮料企业的加入，可口可乐、百事可乐、康师傅、娃哈哈、农夫山泉、健力宝等纷纷杀入果汁饮料市场，一时间群雄并起、硝烟弥漫。这时候品牌竞争往往表现得不够明显，竞争一般会表现在产品、质量、价格、渠道等方面，有人称之为产品竞争时代。比如说，当企业把市场分割为中老年人、青年人以及儿童等几个目标细分市场时，人们都能形象地知道这些细分市场的基本特征。由于这种"分类"方法简单、易于操作、费用低，大部分企业都可掌握且也乐于采

销售渠道把控经

用。但只有在市场启动和成长期的恰当时机，率先进行广度市场细分的企业才有机会占有更大的市场份额。

正当众多的企业因对市场细分认识不足，还只是停留在静态细分的水平上时，就会纷纷采用价格战和增加广告投入等常规方法进入该行业抢夺市场，而统一、可口可乐等公司却从消费者的角度出发，以动态市场细分的原则（随着市场竞争结构的变化而调整其市场细分的重心）来切入和经营市场。

1999年统一集团开始涉足橙汁产品市场，它通过深度市场细分的方法，选择了追求健康、美丽、个性的年轻时尚女性作为目标市场。首先选择的是500mL、300mL等外观精致适合随身携带的PET瓶，而卖点则直接指向消费者的心理需求："统一鲜橙多，多喝多漂亮"。其所有的广告、公关活动及推广宣传也都围绕这一主题展开，如在一些城市开展的"统一鲜橙多TV-GIRL选拔赛""统一鲜橙多阳光女孩"及"阳光频率统一鲜橙多闪亮DJ大挑战"等，无一不是直接针对以上群体，从而极大地提高了产品在主要消费人群中的知名度与美誉度。在2001年统一仅"鲜橙多"一项产品销售收入就近10亿元，在竞争激烈的饮料市场上取得了优异的销售业绩。（马银春.营销有道回款有术[M].北京：中国致公出版社，2009：34.）

同样是"细分"，但在市场的导入期、成长期、成熟期和衰退期，不同的生命周期却有不同的表现和结果。市场细分方法的差异才是导致经营结果产生差异的关键因素。许多企业在进行市场细分时往往容易陷入认识的误区，即不管市场所处的竞争结构和环境只对市场进行静态的浅度细分，而当市场的竞争结构发生变化时仍然使用原有的市场细分方法从而丧失了很多市场机会，甚至丢失已有的市场份额。

动态的深度市场细分是市场竞争中、后期企业取得成功的必然选择，因为只有这样才能锁定自己的目标市场群体，集中有限资源，运用差异化的深度沟通策略并辅以多种手段赢得其"芳心"，并不断培养消费者忠诚度，从而达到最大限度阻隔竞争对手的目的。

通常企业在选择目标市场时应包括以下三个主要内容：

（1）要着重考虑在该细分市场上开展市场营销业务是否与企业的整体性和长远性目标相符，如果细分市场不能满足企业的长远发展目标，则应放弃。

（2）要通过对商品或顾客交叉分析找出最佳的市场机会，同时对细分市场内的竞争对手加以分析，把握企业在有关细分市场中的生存和发展机会。要能够突出和充分发挥自身拥有的技术特长，生产出符合目标市场所需要的产品，这样企业才能在竞争中取得优势，立于不败之地。

（3）要认真做好利润分析。企业只有不断获得利润才能生存和发展，如果细分市场无法使企业获得预期的或合理的利润，则企业就不能进入该细分市场。

3. 盯住消费者这个目标

在现代市场竞争环境中，同一市场上大量存在着许多同类商品，企业在生产经营过程中始终存在着严重的威胁。为了不断生存和发展下去，企业就必须树立一定的形象，培养一定的特色，与众不同、独具魅力，争取目标顾客的注意、接受、认同和喜爱，以期在顾客心目中留下深刻印象、占有一定位置，并形成一种特殊的偏爱和行为，这就是市场定位。

在化妆品市场上，历来各大公司都大力开发高档产品，把争夺的焦点集中在处于"金字塔"塔尖上的高端消费者，而较少将目标锁定在蓝领消费者身上。其实，这一消费阶层的人数众多，他们对生活质量有着较高的追求，对同类产品不同价格的敏感度较强，对一些高档产品质量感到满意的同时，常常对价格有抱怨情绪。因此，他们追求的购买目标是性价比高，或能满足其价格预期的产品，一旦某一品牌的市场价格超越了原有心理价格的预期值，他们就会放弃这一品牌而选择其他品牌作为替代。但他们对品牌有着良好的忠诚度，在市场价格差距不是特别悬殊或没有太大波动的情况下，他们会钟情于原来自己所喜欢的品牌。

北京大宝化妆品有限公司在竞争激烈的化妆品行业中，牢牢地占有一席之地。从一家小小的福利厂发展到今天，大宝经历了许多。但从一开始，大宝就牢牢地锁定了自己的目标市场。

大宝化妆品的目标市场是这样定位的：年龄为25～50岁之间的各类职业工作者，有一定的文化修养，但又属大众消费阶层；他们不求奢侈豪华，但求心理满足，对品牌价值、品牌内涵以及品牌的社会影响有着特定的主见。也就是说，大宝化妆品把目标锁定于蓝领消费者。

国内护肤品行业发展经历了四个阶段。第一阶段（20世纪70年代至80年代），上海品牌垄断国内市场，上海护肤品品牌风靡全国。第二阶段（1982～1996年），跨国公司抢滩中国，跨国品牌如欧莱雅、玉兰油、强生、资生堂等纷纷进入中国市场，这些品牌以高定价瞄准高收入的年轻女性。第三阶段（1996~2002年），本土品牌专业细分市场突围，2002年的市场规模是1982年的200多倍，同时，消费者对护肤品的要求不仅仅停留在滋润肌肤上，还出现了防晒、美白、保湿、祛痘、香熏美容等方面的需求，定位于大众消费品的国内品牌在产品功能上找卖点，从功能市场、细分市场、专业市场上突围。第四阶段（2002年至今），跨国品牌中低端延伸，本土品牌中高端跨越，2002年以来，跨国品牌对中低端市场发起了进攻，而本土品牌则不满足于市场份额大、利润却很小的现状，希望打入利润巨大的高端市场。大宝是在第二阶段的后期崭露头角的，当时，白领、金领等个体消费能力强劲的细分市场已经挤满了国际大品牌，在第一阶段声名显赫的美加净、郁美净、孩儿面、皇后等本土品牌仍然有一定的影响力，小护士等新兴军团也在攻城略地。

到了2003年，在润肤品行业中，大宝的市场份额是17.79%，远高于其他竞争对手，但此时，我们已经看不到郁美净、孩儿面、皇后的身影，为什么呢？答案也许会有很多，但有一点是大家都无法否认的：大宝进行了明确的市场细分，而且将市场定位在蓝领消费者，这在当时是被许多比大宝强大的品牌所忽视的。

大宝另一个成功的地方是开发了一块被别人忽视了的市场——男性化妆品市场。调查显示，目前大宝的消费者中，有将近一半是男性消费者。男性的皮肤与女性的皮肤并不一样，一种护肤品不可能同时适合于两类性别的消费者。但我们看到的情况是，在化妆品行业的激烈竞争中，虽不乏经历过无数营销大战，大宝的产品却能在其中纵横驰骋、一路凯歌。

在传播方式上，大宝所走的路子也与其品牌定位保持一致。它的电视广告走的是亲和路线，所有出现的人物都没有西装革履、香车宝马，而是带有明显蓝领消费者的特征。这与它的竞争对手形成鲜明的对比，一些与大宝一样定位于蓝领消费者的品牌，虽然在价格和渠道上一样是针对蓝领消费者，但在广告诉求上，给消费者的感觉是针对白领阶层，形象代言人不是大牌明星，也是一身白领打扮，让消费者无所适从。由此可见，蓝领定位是大宝成功的秘诀之一。（马银春.营销有道回款有术[M].北京：中国致公出版社，2009：30.）

一个产品在市场上获得成功，很大程度上应该归功于经营者对目标消费群体的准确分析和企业自己对目标市场的选定。选择得当，便可避开实力强劲的竞争对手，进入一个竞争相对较少或者是对手实力相对较弱的细分市场,使自己获得一个理想的发展空间。

4. 名字是产品的外衣

每个人都希望有个属于自己的好名字,而且每个人的名字都力求有一定的讲究,有特殊的含义。对于企业和产品,尤其是一个有志于创品牌的企业更需要一个好名字——一个好的名字是企业的宝贵财富。一个好的品牌名称,不仅有利于促销产品,提高产品的附加值,还有助于提升企业的形象。

为产品命名是一门学问。一个在市场上走俏的品牌,除了它的内在素质决不会辜负消费者厚爱之外,还要有一个听起来亲切、吉利,叫起来响亮的名字。

在为一个品牌命名时,还应考虑名字是否容易上口、容易书写等因素。容易上口、容易书写,便有利于品牌名称的传播和再传播,会产生更加广泛的影响。

美国新泽西州美孚石油公司,自从1911年美国最高法院依照反托拉斯法,将美孚公司分解为34个互不相干的小公司后,很长一段时间一直沿用原美孚的埃索、亨布尔和科恩等商标。直到20世纪70年代初,公司董事会终于意识到,应当以一个统一的名字结束过去公司用名的混乱局面,在公众面前树立起一个完整、美好的公司形象。

销售渠道把控经

新泽西州美孚石油公司在寻找和确定公司新名称时经历了搜寻、试验和论证的复杂、浩繁的过程。他们首先用电脑提取了1000个名字，并按事先规定的标准从中筛选出234个，再逐步将名单上的名字删减到8个。然后，他们又委托专家将这8个名字置于100多个语种的语言环境中进行研究，以确保在任何语言环境中名字都不含有不吉利和令人不快的含义。经历了三年，公司终于确定了"埃克森"（Exxon）这个在绝大多数语言中都易于发音的名字。同时，Exxon书写起来也可以构成极富特色的图案，使人们能够从字母Exxon的有序排列上感受到视觉上的形象美。

给新品牌、新产品命名是一项颇具挑战性的工作，是真正意义上的智慧高低、创意优劣的分水岭。它能诞生著名品牌，更能带动一个新品类的茁壮成长。知名度低的产品尽量不要去给副品牌命名，它的主要任务是在终端卖出产品，集中精力传播主品牌的知名度并贴身跟进主品牌，以免浪费资源、增加传播的负担。

一个好的产品名称，符合以下三个基本标准：

（1）易懂好记

中国药品市场中，感冒药的竞争相当激烈。在这个市场上，存在着"康泰克"这样的知名品牌（"早一粒，晚一粒，消除咳嗽打喷嚏"的广告语已广为人知），还有许多有实力的不同档次的厂商，如启东盖天力制药股份有限公司也对此市场产生了兴趣。如何上市新产品，盖天力颇费了一番脑筋。他们南下广州，北上北京，进行了深入的调研，列出了上百套新产品上市的方案，最后敲定了很有创意的"白加黑"方案。产品以"白加黑"命名，一件包装中有白、黑两种片剂：白片白天服用，不含导致人发困的氯苯那敏成分；黑片夜间服用，含有使人可以更好睡眠的氯苯那敏成分。光有好的创意不行，还要充分将好的创意传递给消费者。盖天力展开了强有力的市场开拓攻势。盖天力的广告词定位鲜明准确："白天服白片，不瞌睡；晚上服黑片，睡得香。消除感冒，黑白分明。"广告的冲击力很强，利用黑白分明的画面，高密度宣传，产生了轰动效应，现在许多的中、小学生都知道：感冒了吃"白加黑"白天不犯困。在两个月的时间里，60多篇报道见诸各种传媒，形成了"白加黑"现象。"白加黑"上市与成名都异常迅速。半年内，在同类感冒药中，销量仅次于康泰克，从而成功地确立了市场领先者的地位。（马银春.营销有道回款有术[M].北京：中国致公出版社，2009：124.）

（2）突出产品诉求

产品诉求应该是"产品"与"目标消费者"之间的沟通符号，而这一沟通的基础就是沟通符号（产品诉求点）的客观性。

每年的10月、11月是健脑产品的销售淡季。不过，2002年年底生产销售"忘不了"3A脑营养胶丸的山东禹王盘点这两个月的销售业绩时惊喜地发现，淡季不淡，销售额居然和旺季相差无几。

销售渠道把控经

"我们自己还纳闷呢?因为这段时间内,'忘不了'既没有大规模地投放广告,也没有搞什么像样的促销活动,""忘不了"北京公司负责人在接受采访时说,"后来,各销售终端的营业员反映说,许多顾客给自己的孩子买'忘不了',说为了记单词。我们这才恍然大悟,恒基伟业刚刚推出记易宝不是一直打广告说'精确记单词,就是忘不了'吗?"据了解,随着掌上电脑市场的萎缩,恒基伟业在2002年10月份推出了面向全国学习英语人群的记易宝,在中央电视台等诸多媒体大规模地投放广告以启动市场。在记易宝投放的广告中,一个朗朗上口的宣传语就是"精确记单词,就是忘不了"。

恒基伟业新产品记易宝通过广告语"精确记单词,就是忘不了",突出了新产品"精确记单词"的功能优势,但是由于"就是忘不了"一句,使消费者混淆了新产品与同样能提高记忆力的健脑类产品——"忘不了"3A脑营养胶丸,最终未能突出新产品的独特功能,遭到别人的搭车是难免的。"产品诉求要突出产品的独特功能",是恒基伟业记易宝的教训。(马银春.营销有道回款有术[M].北京:中国致公出版社,2009:125.)

(3)具有合法地位

起好名字是寻求品牌记忆点的关键所在。要易懂好记、朗朗上口,既能体现功能诉求,又要别出心裁,当然最终还要能进行商标注册。

一个理想的品牌名称真正是经过大海捞针般地搜寻、字斟句酌地思辨、千锤百炼地提升,这是一种非常特殊的思维,是一种十分辛苦的探索,更是一种锲而不舍的追求。遗憾的是，有时几个月可能也未必能酝酿和培育出一个理想的名字。明智的做法是委托专门的命名机构，正所谓业有专攻。

盖莫里公司是法国一家拥有300人的中小型私人企业，这一企业生产的电器有许多厂家和它竞争市场。该企业的销售负责人参加了一个关于发挥员工创造力的会议后大受启发，开始在自己公司谋划成立了一个创造小组。

在冲破了来自公司内部的层层阻挠后，他把整个小组（约10人）安排到了乡村廉价小旅馆里，在以后的三天中，对每人都采取了一些措施，以避免外部的电话或其他干扰。第一天通过各种训练，组内人员开始相互认识，他们相互之间的关系逐渐融洽，开始还有人感到惊讶，但很快都进入了角色。第二天，他们开始训练创造力技能。他们要解决的问题有两个，在解决了第一个问题，发明一种拥有其他产品没有的新功能电器后，他们开始解决第二个问题，并为新产品命名。在第一、第二个问题的解决过程中，他们用到了智力激励法，经过两个多小时为新产品命名的热烈讨论后，共产生了300多个名字，主管则暂时将这些名字保存起来。

第三天一开始，主管便让大家根据记忆，默写出昨天大家提出的名字。在300多个名字中，大家都能记住其中的20多个名字。主管在这20多个名字中筛选出了3个大家认可度较高的名字，向顾客征求意见，最终确定了一个。

结果，新产品一上市便因为其新颖的功能和琅琅上口、让人回味的名字，受到了顾客热烈的欢迎，迅速占领了大部分市场，在竞争中击败了对手。

5. 让消费者觉得物美价廉

关注对价值非常敏感的细分市场，面对中低收入水平的消费群体，这是众多中小企业进入市场的取胜之道。

神舟电脑是目前国内唯一具备电脑主板和显卡两项自主研发能力的整机制造商。电脑整机包括光驱、软驱、硬盘、内存、CPU、显卡、主板等7大核心部件，国内多数电脑厂商的7大部件全部依赖进口，而神舟电脑所采用的奔驰主板和小影霸显卡，一直是其自主研发制造并在电脑配件市场占有率第一的著名品牌，其自主研发带来的是整体制造，可使其成本比起国内其他厂家低两成左右。显然在这些竞争对手面前，神舟电脑已经显示出其价格上的优势。

其实神舟电脑的低价格优势，来的也并不容易，归纳起来，主要是三大因素共同作用的结果。

第一个因素得益于上游产业链。神舟电脑的母公司新天下集团本身是DIY市场的龙头老大，具备研发和生产主板与显卡的能力，而正是由于在这两个重要部件方面采用的是自己的东西，所以神舟电脑可以节约大量成本。

第二个因素是私营企业的性质决定了神舟电脑在每个可能的地方都很用心地控制成本。据悉,在库存管理上,神舟从买任何一个零配件到下线,最多只需要2周的时间,平均只有1周。据不完全统计,神舟电脑靠这些方面费用的节省,为它降低了5%~10%的成本。

第三个因素就是渠道的扁平化。所谓"扁平化"渠道,就是神舟电脑在北京、上海、广州、南京等9个大城市设立了子公司及遍布全国的近千家专卖店,使一台神舟电脑从生产线下线到消费者手中,中间只经过一个环节。所带来的结果是,产品的价格能够反映出合理的利润,而不是经过一级一级经销商的"分羹",导致消费者手中的产品价格层层增高。

许多人认为技术是核心竞争力,但有技术的企业不一定能成功。核心竞争力的关键在于企业在行业内的生产力水平是否具有比较竞争优势。所以,核心竞争力可以理解为比较竞争优势。

事实上,最先发动价格战的总是那些具有成本领先优势的企业。在当前,我国企业普遍缺乏核心技术,创新能力不够,产品同质化程度较高,价格竞争成为最普遍手段的情况下,成本领先战略在赢得竞争优势方面效果是明显的。

也许正是相中了这一点,神舟电脑在其快速发展的进程当中,低价格便成了其最大的卖点。神舟电脑之所以价格低廉,是因为从研发开始,到采购、生产、销售和售后等所有环节的成本控制都做得足够好,这才形成了总成本领先的核心竞争力。

价格只是消费者所能接触的表象,新天下多年来对IT行业核心竞争力的修行终于得成正果,神舟电脑在产品上市短短一年时间内,就取得中国家用电脑市场占有率第五位的骄人业绩,被业界誉为电脑版的"深圳速度"。(马银春.营销有道回款有术[M].北京:中国致公出版社,2009:36.)

其实,价格竞争的实质就是成本领先战略,成本最低的企业在市场运作中具有较大的市场空间。如果要在价格上与竞争对手相同或相近,则可以取得更大的利润率;如果追求与竞争者相同或相近的利润,则可以将价格定得更低,通过低价策略渗透市场,赢得更高市场份额,并对竞争对手构筑起成本性进入堡垒。

但需要注意的是,"价格本是一柄双刃剑",使用这种策略是有一定条件的。它要求企业在成本上要比竞争对手具有较为明显的优势,否则,一旦对方也使用价格武器,则必将产生两败俱伤的结局。

6.定价该"高"还得高

对于不同类型的产品,影响其产品定价的主要因素也不同,有些商品一旦定价过高,就乏人问津,但另一些产品倘若定价过低,就会导致企业的产品不被市场所接受。

事实上，在很多顾客心目中，企业不定高价就意味着企业不敢或不愿对产品质量和售后服务作出承诺。如此一来，消费者当然愿意选择有"承诺"的高价商品了。

澳大利亚奥普卫浴电器（杭州）有限公司是专业从事卫浴电器研发、生产和营销的国际化现代企业。其代表产品"奥普浴霸"（浴室取暖设备）在国内外颇受欢迎，仅此一项奥普公司在中国地区的年销售额便超过2亿元。在中国市场，奥普公司靠"奥普浴霸"系列产品而成名，"浴霸"因奥普公司在中国内地的引进和发展而成为一个新兴的行业。（摘自《"奥普浴霸"的营销策略》）

产品一旦旺销，就会引来许多行业跟风者。据不完全统计，目前国内生产浴霸产品的厂家至少有上百家。作为行业的开拓者和领先者，奥普独特的市场营销策略和先进内部管理方式是非常值得研究的，其高价策略的运用也是相当成功的。

时至今日，众多企业仍认为不降价、不打价格战，产品就销不出去；似乎谁有本事把价格降到最低，谁就能撑到最后，谁便是最终的胜利者。其实不然。低价格不一定能完全吸引消费者，而高价格也不一定无人问津，这里有一个事实：奥普浴霸在同行中相对价格是最高的，但同时市场份额也是最高的，这种现象有其行业特殊因素，但也绝不是偶然的。

自从爱迪生发明灯泡到现在，灯泡的灯头与玻璃壳之间都是用胶泥来粘接的，浴霸的取暖灯泡自身比较重，加上高温，时间久了，因胶泥老化而发生灯泡脱落的现象屡见不鲜，而奥普的取暖泡玻璃壳与灯头结合处设计了一道螺纹，使两者间的连接更加牢固，进一步保证了消费者的安全。除此之外，奥普取暖泡选用了温度系数较高的材料，增加了灯泡温度的适应能力。另外，奥普取暖泡创新的泡内负压技术，防止玻璃外溅，这些特质都是奥普独创的。这些与众不同的独门绝技，也是奥普敢于实行高价格策略的有利条件。

所以，相对于这样的产品质量，奥普的价格看似最高，其实这正是奥普产品高附加值的体现，这也是品牌化经营的企业一直所追求的。当奥普在决定了高价位策略的同时，就决定了不断提高产品的价值和附加值，所以它总是能带给消费者最大程度上的品质保障。

今天，消费者对家电产品的选择更多地集中在性能、安全、品质和服务上，而非价格上，只有创新和保持技术领先，才是竞争制胜的关键。奥普更多的是把精力放在改进技术、提高品质、加强服务、提高行业水平上，为消费者提供更高价值的产品和创造更好的生活享受。正因为这方面的努力，使奥普始终保持了行业的领先地位。

通过奥普的成功可以发现，企业提高产品价格的主要途径有：

（1）提高产品品质

加强质量管理是塑造品牌高端形象的基础。只有保证卓越的品质，才能使消费者对产品建立长期的信心，而长期的信誉是产品高价位的基础。

（2）产品与服务的创新，是产品高价位推行的动力

在产品同质化时代，要与其他同类产品竞争，就必须赋予自己更多的特性，进行差别化竞争。希望消费者支付高价位品牌，就必须以一定的功能差

别化作为补偿。同时，消费者的需求也越来越个性化，所以，张扬个性、表现自我的消费观念也会促使产品（或服务）不断创新，赋予自己更多的内涵。

（3）缩短技术商品化周期

提高企业市场敏感度，使企业成为某类产品市场的先入者，这也是提高产品高端形象的一条重要途径。

（4）对产品进行品牌经营，提高产品高价能力

品牌经营需要对产品进行合理的品牌定位，做好广告宣传，提高品牌的知名度，丰富消费者对品牌的联想。人的心态有一种独特的内在逻辑，即：价格和品牌之间有相互关联的认识。通过打造品牌知名度和品质认可度，以及发展丰富的品牌联想，会大大提高客户忠诚度，从而使消费者愿意为购买一个特定的品牌而支付高额费用，从而使产品品牌的高价能力大大提高。

对于情感表达和自我表现型产品，还可通过渠道提高产品的高价能力。渠道本身常常成为一个品牌，给消费者以某种印象，大型高档商场意味着良好的产品质量、国内外名牌、高档的产品定位等。

7. 换种思维给产品定位

产品定位是市场营销者制定企业整体销售策略的基础。企业产品及形象能否为消费者认同及喜好，很大程度上取决于产品定位。现在中国的企业在进行产品定位时，往往沿用传统的"产品观念"定位，即从"正面角度"出发。但市场经济发展到今天，产品差异日益减少，从正面诉求并不总是奏效，正面定位往往很难进入消费者心中，占据有利地位。

反向思维是与正向思维方法相反的一种创造性思维方法，是指人们在思考问题时，跳出常规、改变思路，从观念的正常思维角度倒转到某一角度进行定位。

当今买实物产品以外的人越来越多。如厂家卖的是概念，KTV卖的是参与，麦当劳、肯德基卖的是气氛，饮料酒卖的是文化，冰箱卖的是无氟、保鲜、省电、无噪音。反向思维在现代商战中得到了广泛的应用。在产品定位上，许多聪明的商家，走的就是一条反向思维的路。

蒙牛与伊利，两家奶业巨头同处西北边陲重镇呼和浩特，尽管蒙牛的诞生比伊利晚十多年，但蒙牛还是在短短的4年内奇迹般地长大，被商界誉为"成长冠军"，站到了可以与伊利相提并论的位置：现在蒙牛和伊利同属中国奶业四强，蒙牛的液态奶市场占有率第一，伊利第二；

伊利的冰激凌类产品第一，蒙牛第二。

当蒙牛羽翼未丰的时候，它暂时收起了自己的野心，在品牌上，甘当老二，依附于伊利，借势于伊利。蒙牛通过"甘当内蒙古第二品牌"的品牌宣传和"中国乳都"等概念的推出，巧妙地将自己的品牌与国内乳业的老大捆绑在一起。

内蒙古乳业第二品牌的创意是这样诞生的：内蒙古乳业第一品牌是伊利，这事世人皆知。可是，内蒙古乳业第二品牌是谁？没人知道。如果蒙牛一出世就提出"创第二品牌"，这就等于把其他竞争对手都甩到了后边，一起步就"加塞"到了第二名的位置。这个创意加上蒙牛的实力，使蒙牛一下子就站到了巨人的肩膀上。

蒙牛在宣传上一开始就与伊利联系在一起，他们的第一块广告牌子上写的是"做内蒙古第二品牌"；在冰激凌的包装上，他们打出了"为民族工业争气，向伊利学习"的字样，与伊利紧紧地捆绑在了一起，既借助伊利之名，提高了蒙牛品牌的档次和知名度，使双方利益具备了一定的共同点；又使伊利这个行业老大投鼠忌器，避免了其可能的报复性市场手段，因为此时伊利任何报复性的市场手段都可能造成一荣俱荣、一损俱损的局面。

所以，不难看出蒙牛的高明之处就在于巧妙地处理与行业领导者——伊利的关系。蒙牛清醒地认识到，在羽翼未丰之时是不能对行业领导者进行正面攻击的，需要厚积薄发。采用"甘当老二"的策略，可以在思想上麻痹伊利，尽可能减少伊利对自己的敌视和抵制。犹如三国之时的刘备，屈身曹操之处，韬光养晦，故作无志种菜、闻雷而掉箸，才能麻痹曹操，养精蓄锐，最后终成三国之势。

蒙牛开始以"追随者"的模糊面目进入市场，进入老大忽略的低端市场，发展同类产品中的低端产品，但实际这可以看作是迂回进攻的手段。一个时期后，在产品、价格、市场、传播等全方位上，蒙牛开始正面进攻。

1999年，实现销售收入4365万元，居全国同行业119位。

2000年，蒙牛实现销售收入2.94亿元，是1999年的6.7倍，销售额居全国同业排名第11位。

2001年，蒙牛实现销售收入8.5亿元，是2000年的3倍，销售额居全国同业排名第5位。

2002年，蒙牛实现销售收入20亿元，销售额居全国同业排名第4位。

2003年，蒙牛已成为包括利乐包的液态奶全球产销量第一的品牌，其产品在国内许多城市已坐上领头羊位置。

蒙牛终于迎来了"牛气冲天"的那一天。（马银春·营销有道回款有术[M]. 北京：中国致公出版社，2009：44）

现代市场竞争是人与人之间知识智慧的较量，反向思维不是简单的逆向思维逻辑，而是由经验、敏锐的洞察力以及准确的预测而得出的。反向思维从传统营销的枷锁中挣脱出来，不再以平面的、静止的、单一的角度看企业与其利益相关者之间的关系，而是以立体的、互动的、多维的角度看待这一切。反向思维策略焕发出的魅力，使越来越多的营销主管神往并

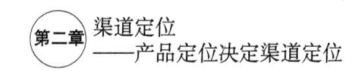

用于竞争中。

8. 推陈出新，以不变应万变

虽然在产品日益同质化的今天，创造一个"人无我有"的产品概念无疑难上加难，但只要仔细地分析与挖掘，新的产品概念还是会呼之欲出的。中小企业更应该在创立差异化产品概念方面不遗余力，只有这样才有助于建立起产品本身的竞争优势，才会创造出撬动市场与终端的支点。

产品差异化是企业为了使产品有别于竞争对手而突出的一种或数种特征，以巩固产品的市场地位，借此胜过竞争对手产品的一种战略。在同质市场上，企业为了强调自己的产品与竞争对手的产品有不同的特点，避免价格竞争，可以采用不同的设计、不同的包装，或者附加一种差异化的具体内容，反映在产品的不同层次上，使之既可以是形式的产品差异化，也可以是延伸的产品差异化，还可以是从形式和延伸的差异化带来的产品实质的差异化。

产品差别化有实质差别化和心理差别化之分。前者以增加产品的功能、提高产品的质量为主；后者则通过促销活动，陈述产品的优点，强调与竞争产品相比，哪怕是微小的优势，以取得消费者的信赖，造成心理上的差异。在当今同类产品竞争日趋同质化的条件下，主要是利用产品特征、产品外观、包装、商标和广告宣传来影响消费者，使其产生心理上的差别化。

销售渠道把控经

在现代社会中，女性的消费权利与消费需求正在不断快速增长，许多传统上以男性消费者为主的行业，也敏锐捕捉到女性消费者异军突起的市场变化新趋势，开始站在纯女性的角度推出各种女性化商品：女性汽车、女性手机、女性香烟，甚至出现了专门为单身女性度身定做的小型公寓。

一个消费多元化的时代正在来临，而女性酒的推出就是厂商对消费者多元化的一个积极回应。

随着女性在商业社会所扮演的角色越来越重要，她们与男性一样经常面临着应酬交际的需求，而饮酒就成为许多女性无法回避的问题。

有些应酬交际较多的商务女士出于应酬的需要，不得不勉强接受酒精浓度比较高的酒。针对这种情况，在短短一年多的时间里，许多酒业公司相继推出了各式各样的女性酒，目前中国市场上的各种女士酒大约有40种。这样，既保持了商务应酬的热烈气氛，又可以使女性消除了酒量不足、酒会伤身等顾虑。

由于女性酒在一进入市场时，便十分注意从保健、美容、包装、营销方式等多个方面入手，以轻松、有趣、和谐的方式去推广女性酒，使女士们在潜意识里接受女性酒。这些推出女性酒的公司，不仅将目光对准现有女性顾客，更将目光对准那些从不饮酒的女性，以创造价值需求为导向，从功能层面及情感层面两个主要的角度入手，重建酒的价值曲线，为女性酒拓展出巨大的市场空间。

从战略角度分析，女性酒的推出可以打破现有"男性酒"一统天下的局面；从营销的角度看，女性酒的出现也可以被视为是对原有市场的一种细分。女性酒作为一种新的产品种类，已经从现有酿酒行业的低迷格局中闯出了一条新路，刺激出更强的消费需求，开辟出了一个全新的市场。

由此可见，任何一个在市场占有一席之地的品牌，都必须顺应市场的变化，尽可能地创造出个性化品牌，让不同层次、不同地域、不同消费习惯、不同情感需求的消费者得到满足。如此，市场在竞争中才会变得丰富多彩，企业的名牌战略才会得到大的发展，更为重要的是，致力于创造个性化产品王牌的企业，在创新、提升品牌档次和开拓更大市场空间的路上才能大跨步地前进。

9. 要巧妙灵活的定价

一般情形下，任何消费者在购买一件商品，特别是价值较高的商品以前，都会有意无意地通过种种信息渠道得到有关此类商品的一些信息（包括价格、规格、质量等），然后根据这些信息及对这件商品的直观了解，在心里先衡量这个东西到底值多少，这个价格就是我们常说的心理价格。

"势能"原本是物理学中的概念，指物体因处于一定高度而具备的能量。销售势能指消费者对其所购买的商品所感觉到的心理价格与实际价格之间的差距。消费者心理价格比实际价格高得越多，由此引发的销售势能就越大，销售速度与销售数量就会得到很大的提升。

在形形色色的价格策略应用中，结合消费者的心理定价，并根据销售进程的变化巧妙地对价格进行调整，这样的价格策略可称之为"心理定价突破法"，是价格策略组合中比较常用而且杀伤力较强的一种方法。

消费者对商品价格的心理定位，是企业经营者必须要突破的障碍。经营者应将消费者的心理价位与现实价位的距离尽量拉大，以形成强大的销售价格势能，然后通过配套建设、品牌推广等举措保证其释放的安全性，形成巨大的销售推动力。

心理定价的标准就是让顾客感觉到物有所值，最好是物超所值。价格定位包含着顾客感觉的东西，而不是简单市场平衡的结果，更不是根据自己主观的、固定的、单一的加价率所决定的。应该针对不同的顾客心理采用不同的价格定位。主要有以下五种形式：

（1）整数定价策略

价格不仅是商品的价值符号，也是商品质量的"指示器"。采用合零凑整的方法，制定整数价格，如将价格定为10元，而不是9.9元，这样使价格上升到较高一级档次，借以满足消费者的高消费心理，顾客会感到消费这种商品与其地位、身份、家庭等协调一致，从而迅速做出购买决定。整数定价策略适用于价格较高的商品，如高档商品、耐用品或是消费者不太理解的商品，以迎合消费者"一分钱一分货""便宜无好货，好货不便宜"的心理，商品的形象会因为没有琐碎的几元几角几分而显得愈发高贵，消费者购买这种商品时，会产生高层次消费的心理满足感。

（2）非整数价格策略

在消费心理学中，非整数价格是一种典型的心理定价策略。这个策略是根据消费者对商品价格的感知差异所造成的错觉而刺激购买。消费专家反复调查发现，凡以整数定价的商品，如1000元、500元、100元，不易受某些顾客欢迎，他们认为卖家很可能把零头进位为整数，买这种商品肯定多付了冤枉钱。非整数价格策略最通用的一种方法是在尾数上下功夫，保留价格尾数，采用零头标价。如9.98元，而不是10元。这种定价方法一方面给人以便宜感，另一方面又因标价精确给人以信赖感。麦当劳餐厅将它的汉堡类食品统一标价为9.8元，这比标价10元更受欢迎。消费者会认为该价格是经过精心核算的，是对顾客负责的表现，使消费者对定价产生信任感。另外，在顾客心理上，9.8元只是几元钱，比整数10元要少许多。一般日用消费品等价格较低的商品都会采取这种策略。

（3）声望定价

针对消费者的求名心理，可以对在消费者心目中享有声望、具有信誉的产品制定较高价格。质量不易鉴别的商品如首饰、化妆品、饮食等最适宜采用此法，因为消费者往往以价格判断质量，高价与性能优良、独具特色的名牌产品配合，更易显示产品特色，增强产品吸引力，产生扩大销路的积极效果。如金利来领带，一上市就以优质、高价定位，对有质量问题的金利来领带他们绝不上市销售，更不会降价处理。它给消费者传递这样的信息，即金利来领带绝不会有质量问题，低价销售的金利来绝非真正的金利来产品。从而较好地维护了金利来的形象和地位。

（4）吉利数字价

用一些谐音吉利的数字来定价，可以满足人们买彩头、图吉利的心理需要。如将实价1000元的商品定价为"998"（谐音"久久发"）、"988"（谐音"久发发"），将实价170元的商品定价为"168"（谐音"一路发"），商品降价不大，销量可增长不少。

（5）习惯定价

即按照消费者心理习惯制定稳定的价格。消费者在长期的购买实践中，对某些经常购买的商品如日用品等，在心目中已形成了习惯性的价格标准。不符合其标准的价格则易引起疑虑，从而影响销售。因此，这类商品价格要力求稳定，避免价格波动带来不必要的损失。

（6）统一定价法

许多商品只有一个统一的定价，能使顾客心理满足并给顾客充分挑选的余地。前些年出现的"10元店""8元店"曾火爆一时，近几年出现的"1元店""2元店"又火了一把。统一定价较低的商品，进货力求成本低，最好收集厂家低价处理的库存积压产品。但切忌销售坑人害人的假冒伪劣商品。

定价是一门艺术，灵活巧妙的定价，对商品的销售和利润大有好处。随着市场竞争的不断加剧，企业都在谈需求导向，传统的成本加利润的定价方法已很少有企业采用。厂商大多根据同行业竞争的状况和消费者的心理接受程度确定产品的价格，但这种定价方法必须建立在真正了解消费者需求的基础之上，为其提供满足其需求的产品，并确定一个与产品价值基本相符的价格，这样才能做到厂商与消费者的"双赢"。

10. 信誉是企业生存的基础

众多消费者在琳琅满目的广告面前常常表现出犹豫不决，究其原因，是因为他们怀疑大多数产品的自我宣传。广告中常常把自己的品牌描述成可以耐用、较少的维护、容易使用，但是有谁会真正接受这样的宣传呢？

无论如何，一个品牌应该有一个诉求，它要超过任何其他的诉求。这一诉求将品牌提升至竞争对手之上，而且使得它比其他的任何说法都更加可信。

信誉度是建立品牌绩效的担保。当一个企业拥有良好的信誉度时，它可能会使人们几乎完全相信关于它的品牌的任何事情。

在日常生活中，人们经常会看到这样的情景：有很多人宁愿在一家拥挤的餐馆外排着长长的队等一张桌子，而不愿意在一家空空的餐馆里就餐。这就是信誉在发挥作用。

在现代广告战中，绝大多数企业都将目光紧紧盯在了报纸、杂志、广播、电视等大众传播媒体上。其实，做广告的形式可以非常灵活多样。而且生活中有许多做免费广告的机会，只要巧妙地把握，就能够提高知名度和美誉度。

销售渠道把控经

凯瑟琳是美国的一个女企业家，她用了短短十几年的时间，就把一个家庭式的小面包店，变为完全现代化的企业，每年的营业额从两三万美元猛增到400万美元。她做生意的原则很简单，只有四个字：诚实无欺。为了防止经销商乱定价格，她在包装纸上面都标明了成本和利润，使消费者知道一个面包应花多少钱才不吃亏，这样一来，经销商想提高价格也就不可能了。

除了价格以外，凯瑟琳还用了一套独特的方法来保证面包的质量。凯瑟琳深知，为了在激烈的竞争中名列前茅，赢得人们信誉，自然要拿出过硬产品和优质的服务来，这是不言而喻的。凯瑟琳把产品的质量当成自己的生命一样，要求手下的员工人人把关，不能有一丝一毫的马虎，以免倒了牌子，给企业带来损失。她标榜在存的面包是"最新鲜的食品"，为了取信于消费者，她在包装上注明了烘制日期，决不卖超过两天的面包。她经常派人到她的商店里把超过三天的面包收回来。凯瑟琳不仅把握了正确的经营原则，而且十分注意恰到好处地运用广告宣传。为了让消费者充分注意她的公司重视新鲜度，特别刊登大幅图文并茂的广告，有的词句由她亲自撰写，看起来朴实无华，读起来却生动有趣。如："获得专利权的面包，其营养价值是不容怀疑的，请放心吃吧！"又如："我是个家庭主妇，不会做生意，但我抱着维护家里人健康的心理来做面包，最起码让它保持清洁卫生和新鲜！"

第二章 渠道定位
——产品定位决定渠道定位

最妙、最成功的一次广告宣传，可以说既是偶然的，也是必然的。有一年秋天，凯瑟琳所在的州发大水，面包畅销，到处缺货，而凯瑟琳照样派人把超过三天的面包收回来。

哪知车行半路，抢购的人一拥而上，把车子团团围住，一定要买过期面包。但押车的运货员说啥也不肯卖，大家认为运货员态度强硬，不近人情，纷纷指责，有人甚至骂他是傻瓜。

正在吵得不可开交之时，巧遇几名记者，探询发生了什么事。记者听完，觉得这个新闻太有趣了：一方面是急需面包果腹，另一方面碍于公司的规定不卖过期面包。

当时运货员哭丧着脸说："不是我不肯卖，实在是老板规定太严了——如果有人明知面包过期还卖给顾客就一律开除。"

运货员的话固然使人同情，但对于饥饿的人来说，眼前面包所产生的吸引力，远非几句话打消得了。

因此，记者代表群众提出抗议："现在是非常时期，总不能让人看着满车的面包忍饥挨饿吧？"

运货员带着神秘的表情，凑到记者跟前，在他耳边说："我倒有一个办法。卖，我是说什么也不能卖；但强买，我就没有责任了。让他们把面包拿走，凭良心丢下几个钱表示一下，反正公司是不会可惜一车过期面包的。"

话一经点穿，一车面包很快被强买光了。运货员脑筋特别灵，特意让记者拍了一个阻止群众拿面包的照片，以证明这件事不是他的责任。

这件真实的事情，对凯瑟琳的面包公司来说也是一个广告，经记者一渲染，在各报报道后，凯瑟琳的面包给消费者留下了深刻印象，使公司的信誉度大大提高。

欲提高商品的知名度和美誉度不一定要"大吹大擂"地做广告，诚实无欺，保质保量就是最好的广告。

11. 驰名商标更是企业的巨大财富

商标是企业的无形资产，驰名商标更是企业的巨大财富。商标不仅使这种商品和同类的其他商品有所区别，还以特定、明确的形象，把抽象的精神内容以具体可见的造型、图案表达出来，除了具备识别功能外，还能提高企业与商品的可信赖度。从这一点上说，商标是商品性和艺术性的结合，既代表着企业的形象，又体现着企业的精神、企业的特征、商品的特性、经营思想等。

红豆集团的商标决策是把与"红豆"中文发音相同、含义相近的文字注册，如"虹豆""相思豆"。结果，1994年在与某旅游工艺品厂申请注册"思豆"的商标纠纷中，经国家工商总局商标评审委员会裁定，"红豆"获胜，同时红豆集团还在国外54个国家和地区申请了商标注册。又如"娃哈哈"注册了"哈哈娃""哈娃娃"等一系列保护性商标。防御性商标注册的另一种方法就是同一商标运用完全不同种类的产品或不同行业，防止他人在不同种类的产品或不同行业使用已有商标，因为同一商标使用的商品类另有限制，产品跨行业、跨种类时，就必须分别注册。三九集团的"999"系列注册商标价逾7.3亿元，注册商标应用范围涉及三九集团八大产业。甚至将来准备涉足的领域，均以"999"注册了商标，就连深圳市首批注册颁布的服务商标，也有"999"。再如前文提及的红豆集团，在国内34类商品上全部注册了"红豆"商标。（摘自《销售回款博弈术》）

商标实质上是一种法律名词，是指已获得名望专用权并受法律保护的一个品牌或一个品牌的部分。由于商标设计不仅是实用物的体现，也是一种图形艺术设计，因而对其简练、概括、完美的要求十分苛刻。具体来说，标志的设计要符合以下要求：

设计应在详尽明了设计对象的使用目的、适用范畴及有关法规等有关情况和深刻领会其功能性要求的前提下进行；设计须充分考虑其实现的可行性，针对其应用形式、材料和制作条件采取相应的设计手段。同时，还要顾及应用于其他视觉传播方式（如印刷、广告、影像等）或放大、缩小时的视觉效果；设计要符合作用对象的直观接受能力、审美意识、社会心理和禁忌；构思须慎重、缜密，力求深刻、巧妙、新颖、独特、表意准确，能经受住时间的考验；构图要凝练、美观、适形（适应其应用物的形态）；图形和符号既要简练、概括，又要讲究艺术性；色彩要单纯、强烈、醒目；遵循标志艺术规律，创造性地探求恰当的艺术表现形式和手法，锤炼出精当的艺术语言，使设计的标志具有高度整体美感，以获得最佳视觉效果，这是标志设计艺术追求的准则。

要符合商标设计的这些要求，企业可采用以下方法。

（1）形象表现法

自然界中的万物本身就具有美的特质，将自然形态中的动物、植物、自然环境甚至人物的造型，通过夸张、变形、简化等手法，可使其具有艺术美的形象。在商标设计中，企业可以运用形象表现法设计商标形象，给商标赋予特殊意义，这个意义就是通过形象，暗示或象征企业的某些理念、特征、个性等。"圆圈"代表永久，"龙""凤"代表富贵，"心"代表爱情，"狮子"代表力量，"太阳"代表光明等。

（2）抽象表现法

抽象形象也来源于自然形态并经过提炼得到。通过把形态的"神"紧紧抓住并加以强调，舍弃具象的"形"，抽象是对具体形象的高度概括与升华，抽象的形象更集中，更富有启发性。点、线、面是抽象形象的基本要素。在商标设计中，企业就是要运用点、线、面的抽象几何形，含蓄地、理性地表达设计概念。不同的点、线、面，可以形成各种不同的性格特征。直线具有直接、明确、理性等感觉；而曲线却具有柔和、活泼、感性等感觉。

（3）字体表现法

在商标的海洋之中，利用开头字母（单字）而设计的商标占很大一部分。因为字母本身就是简练的抽象符号，只要稍加发挥，把某种含义结合进去，就可能会出现一种新奇的效果。而连字表现法是将两个以上字母组合设计成商标。连字表现法的关键在于对某种完善的视觉秩序加以适当的"破坏"，将一组字母中需要强调的部分，运用特殊的、变异的处理方式，达到奇特的效果。这种反常态的表现手法往往可以达到常态处理所达不到的视觉效果。

第三章
渠道选择
——找到最合适的合作伙伴

渠道成员是独立并且追求个体利益最大化的经济组织。渠道成员指拥有货物的所有风险的企业以及作为分销终点的消费者。营销渠道中承担转移货物所有权的基本成员包括制造商、批发商和零售商，渠道成员是渠道管理的主要关注对象。

1. 合理定位渠道成员的角色

（1）消费者角色

消费者是分销渠道的重要组成部分，是分销的终点，但却是品牌忠诚的起点。消费者是分销渠道的裁判，是产品是否畅销的裁决人，具有完全的权威和发言权。消费者是分销渠道的维护者，保证分销系统的运行和健康进步。消费者是分销渠道的受益者，分享产品的利益，满足自身的消费欲望。消费者是分销渠道中信息的提供者，消费者的信息直接反映了分销渠道的成败兴衰。消费者是分销渠道中最强的谈判者，是真正的"上帝"。

（2）经销商角色

经销商弥补了企业在城乡接合部市场空间，成为企业在区域市场的分支机构或者物流中心。其掌控的网络资源以及区域市场的社会资源，成为生产企业的辅助分销力量。其能实现整买整卖的大型贩卖者功能。经销商成为各类型企业的外部仓库，承担区域市场一定范围内的仓储职能，并成为区域市场（特别是农村城镇市场）的信息提供者。经销商会逐步成为区域市场的代理商，既实现整体销售，又兼顾终端控制和网点建设。

（3）代理商角色

代理商是企业的区域市场指挥中心和控制中心，是分销渠道的桥头堡，是企业的风险分担者。代理商的选择是建立分销渠道的关键。

经销商与代理商的区别：经销商从厂家持续地购入产品，替厂家长久地进行销售服务，与厂家之间是法律上的买卖关系，而代理商不是从厂家购买产品销售，代理商只是以厂家的名义，替厂家销售，是一种法律上的代理关系；经销商是独立的经营机构，而代理商不一定是独立机构；经销商拥有商品的所有权，而代理商不拥有商品的所有权；经销商是获得经营利润，而代理商是赚取佣金（提成）；经销商是多种经营，而代理商一般不经营竞争品牌。

（4）零售商角色

零售商是终端商品的占有者，占有越大的货架空间，就意味着减少竞争对手的竞争机会。零售商是吸引消费者的"磁铁"，是最直接、最有效的商品信息源，是企业最好的传播媒介，是企业分销渠道的神经末梢。

（5）企业角色

企业是分销渠道中产品的提供者、产品的服务者、游戏规则的制订者，是舵手，执行分销渠道管理和监控的职能，也是培训师，协助分销成员更加合理、科学地执行营销战略。

在分销渠道中，企业和渠道的各个成员总是不断地争夺渠道的主动权、控制权。大多数企业都希望能够成为自己建设起来的分销渠道的主宰者，希望能够控制渠道，使渠道按照自己的意志去运作，但是由于分销渠道的种种力量在互相作用，企业往往不能对分销渠道随心所欲。总之，在分销渠道中，各个成员扮演着各自重要的角色，同时，他们又互相作用、互相牵制、共同发展。企业在分销渠道中作用不可低估，但也不能过高地评价企业在分

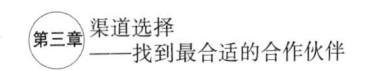

销渠道中的效用。

2. 谨慎识别一流的经销商

为了实现企业的市场营销目标，各企业都须招募合格的经销商来从事渠道分销活动。对于经销商的选择，从本质上讲，就是对渠道成员——经销商和经销商的开发与管理。

在选择经销商时，不论是经由何种渠道认识的，都要再经过详细的沟通，并建立潜在客户档案卡。一般来说，在拜访经销商时应掌握与考察的项目如下：

（1）经销商的市场网络

生产企业都希望所选择的经销商能在最短时间内打入自己选定的目标市场，并最终说服消费者购买自己的产品。所以在评估经销商的市场网络时，首先，设计者要充分考虑所选潜在经销商的经营范围，其包括的地区与企业产品预期销售地区是否一致。其次，要准确了解潜在经销商的销售对象是否是企业所希望的潜在顾客。这是最基本的条件。

（2）经销商的管理水平

管理水平主要是指计划体系、组织结构、激励机制以及控制系统的完善程度及现代化水平。这是决定经销商发展潜力的重要因素。一个好的企业其内部管理必然是井井有条的。若是杂乱无章、分工不明确、各种制度不健全或根本无章可循、遇事推三阻四、无人负责，则该企业绝对做不好各项工作。在选择经销商时，如果稍加留意，上述情况是不难发现的。

（3）经销商的历史经验

很多企业在选择经销商时，往往会全面考察经销商以往的历史经验。如果经销商经营时间较长，且有着较好的经营业绩，这样的经销商就是企业的首选。因为长期经营某种商品的经销商，通常会积累比较丰富的专业知识和经验，在行情变动中，能够掌握经营主动权，保持销售稳定或乘机扩大销售。经营历史长的经销商通常拥有一定的市场声誉和一批忠实的顾客。因此，设计者在选择经销商时，应尽量选择一些有良好记录，有丰富经验的经销商。

（4）经销商的地理位置

地理位置对于经销商的分销效果是有一定影响的。选择零售经销商最理想的位置是目标客流量较大的地点。批发经销商的选择则要考虑其所处的位置是否有利于产品的批量储存与运输。对于高价位大众消费品的生产企业而言，通常选择大中城市的批发经销商比较好。

（5）经销商的经济实力

一般来说，生产企业都倾向于选择资金实力雄厚、财务状况良好、能按时结算，并在必要时可预付货款的经销商。因为这样的经销商能保证及时付款，并有可能在财务上向生产企业提供一定的帮助。反之，若经销商经济实力不佳，则往往会拖欠货款。

（6）经销商的信誉状况

经销商的信誉度不仅直接影响企业的回款情况，更重要的是还直接关系到市场的网络支持。考察经销商的信誉度,主要观察其是否信守合同,尤其是能否如约归还货款及货物。有一些企业提出"道德第一,能力第二"的原则,就是根据我国企业的实际情况提出的选择经销商的标准。因此,设计者在评价潜在经销商时,一定要对其声誉状况进行准确了解,经销商的声誉越好,商品销量就越大,就越有利于提升生产企业的产品形象和企业形象。

(7)经销商的合作意愿

合作意愿是选择经销商时不得不考虑的一个重要因素。企业对新时期经销商的基本要求之一就是谋求精诚合作、长期共赢。这就要求经销商从内心接受企业的经营理念,签署长期合作协议,并将这些意向列入双方合作大纲中,然后要求经销商能够身体力行,亲自实践这些合作协议,不能阳奉阴违。因此,企业一方面要尽可能把企业的优势、产品的特色、企业的发展战略等介绍给经销商,力争赢得经销商的青睐;同时,设计者应对经销商、对产品的重视程度和合作态度进行准确的了解,如果确实没有合作意愿的经销商,企业就应该坚决"剔除"。

(8)经销商的服务能力

随着市场竞争的加剧,服务在产品分销过程中的作用越来越重要。因此,设计者在选择经销商时还应对经销商的综合服务能力进行准确评估。要选择在销售过程中能提供与企业产品销售所需要的服务相一致的经销商。有些产品需要提供售后服务,有些产品在销售中要提供技术指导或财务帮助如赊购或分期付款,还有些产品需要专门的运输存储设备。设计者应该选择那些综合服务能力较强且符合企业产品分销要求的经销商。

(9)经销商的产品情况

设计者要考察经销商总共经营多少产品，产品的特色如何，还要分析这些产品与本企业产品的配合程度、本企业产品所占的比率、经销商对本企业产品的熟悉程度以及经销商总的供应来源及本企业所处的地位等。一般情况下，产品配合程度越好，经销商对本企业产品就越熟悉，因而就越可能取得成功。因此，如果经销商经销的产品与本企业的产品是竞争产品，应避免选用，但若某产品组合有空档，或者自己的产品竞争优势比较明显，也可以选取。

（10）经销商的促销能力

经销商推销商品的方式及运用促销手段的能力，直接影响其销售规模和销售效率。有些产品广告促销比较合适，有些产品则适合通过销售人员推销，有些产品需要有效储存，而有些产品则需要快速运输。要考虑到经销商是否愿意承担一定的促销费用以及是否具备有必要的物质基础、技术基础和相应的人才，因此，设计者在选择经销商之前，必须对经销商完成某种产品销售的市场营销政策和技术的完成度做比较详细的了解。

总之，企业应以最适当的成本、最有效率的管理来建设一个中间环节最少、又能快速到达消费者手中的销售渠道，以符合渠道最优化原则。

3. 明确渠道成员职能

吸收经销商加入分销渠道只是完成了分销渠道的建设。对生产企业来说，更为重要的是要让经销商力所能及地为其产品的分销承担更多的职能。根据渠道输出的基本要求与分销渠道各成员之间保持良好合作的要求，分销渠道中各成员主要履行的职责主要有以下几个方面：

（1）推销

一般来说，并不是每个顾客都对产品的功效以及供给情况非常了解，这就需要承担商品所有权转移或帮助所有权转移的渠道成员，都要积极开展推销工作，以唤醒顾客需要，激发其购买兴趣和购买欲望。

（2）渠道支持

渠道内几乎每个成员都应该积极主动地同其他成员沟通信息，从而尽可能消除渠道成员之间的信息不对称，提升渠道内的合作和运作效率。例如，零售商与最终消费者接触的概率最高，他们相对更了解消费者的需求。如果他们能及时地将有关信息向生产企业或经销商进行汇报，这对生产企业的新产品开发、市场营销政策的制定、库存的控制等都会产生积极的影响。

（3）谈判

在整个分销渠道内，只要存在商品所有权转移，就必须关系到有关成员的利益得失。因此，每个渠道成员都应该积极参与谈判，尽可能如实表达自己的意愿，从而缩小甚至消除彼此间的差距和误会，促进更好的合作。

（4）协调

使供应商所提供的产品与购买者的要求相协调，这包括生产制造、分类组合、装配、包装等一系列活动。

（5）订货

只有当分销渠道下游的成员主动向上游供应商下达订单时，整个分销渠道才能充分发挥出应有的作用。生产企业或供应商一般都会采取订货会的形式，来促使渠道成员订货。

（6）承担风险

只要存在营销活动，就一定有风险。在国内的市场上，营销风险主要是指开拓市场的风险。即有可能产品销售不出去，造成部分渠道成员所付出的开拓市场、从事经营活动的费用无法得到。其他可能的风险主要有通货膨胀或滞胀风险、商业道德风险、货物损失损坏风险等。

（7）占有实体

一般来说，渠道成员都要占有和处理商品实体，这样在顾客购买时就能顺利向顾客交货。占有实体的职能要求经销商要提供仓库或者货架，尤其对店铺零售商来说，占有实体是其履行零售职能的基础。

（8）融资

无论是产品制造还是商品分销都需要投资，用于渠道成员之间货款的支付、组织的运转开支和职工工资支付，以保证分销渠道不同层次有效的运转和保持有效的联系。

（9）付款

渠道成员在转移商品所有权的同时，必须同时承担收取货款、向供应商转交货款的职能。

4. 选择经销商的原则

当生产商确定了其产品销售策略并选择了以间接分销渠道进入市场后,下一步就应做出选择经销商的决策。经销商选择得恰当与否,直接关系到生产商的市场营销效果。对此,首先要注意广泛收集有关经销商的业务经营、资信、市场范围和服务水平等方面的信息,确定审核、比较的标准。其次要努力说服对方接受产品,因为并不是所有的经销商都会对生产商的产品感兴趣。一般说来,投资规模大、信誉好并有名牌产品的制造商可以毫不费劲地找到特定的经销商加入其渠道,而对于那些刚刚起步的中小企业来说却不是一件容易的事情。此外,选择经销商时还应具体考虑其市场范围、产品政策、地理区域优势、产品知识、预期合作程度、财务状况及管理水平、促销政策及技术、声誉、未来成长的潜力、顾客的类型、综合服务能力等方面的条件。

许多企业的成功经验都说明了这样一个基本道理,明确选择经销商的目标和原则,并且做好深入细致的调查研究工作,全面了解每一个备选经销商的情况,是选择经销商的起点和前提条件。明确目标是选择经销商的前提之一。这里有两个层次的目标要加以区分:第一个层次作为基本目标,即选择经销商,建立分销渠道要达到什么分销效果;第二个层次作为手段目标,即要建立怎样的分销渠道，它在实现第一层次目标的过程中应当发挥什么作用。建立分销渠道的目标明确之后，这些目标就被转换成选择经销商的原则，成为指导经销商选择工作的纲领。

一般来说，应遵循的原则包括以下几个方面。

（1）目标市场原则

这是建立分销渠道的基本原则，也是选择经销商的基本原则。企业选择经销商，建立分销渠道，就是要把自己的产品打入目标市场，让那些需要企业产品的最终用户或消费者能够就近、方便购买，随意消费。根据这个原则，设计者应当注意所选择的经销商是否在目标市场拥有渠道，如是否有分店、子企业、会员单位或忠诚的二级经销商，是否在区域市场拥有销售场所，如店铺、营业机构，营业场所是否处于重要的商品集散地如批发市场等。

（2）战略发展原则

发展性原则就是指选择成员时事关战略性、前瞻性的问题。成员的选择不要仅仅看到眼前，还要从战略的高度选择那些和本企业战略规划相一致或基本一致的经销商。

（3）分工合作原则

分工合作原则是指企业所选择的经销商应当在经营方向和专业能力方面符合所建立的分销渠道功能的要求，要能够弥补生产企业在产品终端的销售劣势。尤其在建立短分销渠道时，需要对经销商的经营特点及其能够承担的营销功能严格掌握。一般来说，专业性的连锁销售企业对于那些价值高、技术性强、品牌吸引力大、售后服务项目较多的商品均具有较强的营销能力。各种中小百货商店、杂货商店在经营便利品、中低档次的选购品方面力量较强，但他们往往不愿意为有关商品做广告宣传。某些商品的销售过程中需要专门的知识和经验，那些不具备相应知识和经验的经销商就不能被选择为经销商。如果勉强选用他们，不但会降低分销渠道的运行效率，还可能损害最终消费者的利益。

（4）抗冲击力原则

抗冲击力原则就是指成员选择匹配的问题。包括渠道的抗冲击力和可变性。当外部环境发生变化时，所选择的渠道应该能抵御外来的冲击，并保持市场销售和价格的基本均衡，当生产企业总体销售战略调整时，所选择的渠道应该能快速灵活地进行调整，以适应新政策和市场变化。

（5）树立形象原则

商品分销渠道或销售地点不仅是现有商品的销售出口，也是生产企业建立企业形象、商品形象，让消费者产生欲望的信息载体。因此，渠道成员的形象也是设计者要重点考虑的问题之一。对于拥有卓越品牌的生产企业来说，这一点尤为重要。一般情况下，知名生产企业总是与资金实力雄厚、信誉良好的渠道成员结为合作伙伴或战略合作伙伴。对于形象起点不是很高的企业，如果能与享有盛名的经销商合作，自然可以提升企业形象和产品的品牌形象，也比较容易得到消费者的认同和青睐。

（6）提高效率原则

分销渠道的运行效率是指通过某个分销渠道的商品流量与该渠道的流

通费用之比。在流通费用一定的情况下，商品流量越大，则该分销渠道的运行效率越高。事实上，一个间接分销渠道的运行效率，在很大程度上取决于经销商的经营管理水平、对商品的推销努力程度及其"商圈"的大小。

经销商的经营管理水平会直接关系到他的资源利用率和员工士气，进而会影响工作效率。如果企业所选择的经销商缺乏经营管理水平，往往会影响整个营销系统的效率。比如，进货管理失去控制的经销商不是出现库满为患，就是出现货物短缺，这样的经销商在具体销售过程中往往会显得力不从心。

另外，经销商商圈的大小也是影响分销渠道运行效率的重要因素。所谓商圈是指一家商店能够有效吸引前来购买的顾客的分布范围和数量。商圈大小与经销商的地理位置、所在地域消费者的消费习惯、人群的密集程度、经销商的宣传力度以及声誉等有关。商圈是评价经销商市场地位和商品营销效率的重要指标之一。经销商的商圈比较大，通常会有较多的顾客前来光顾和购买。当然，无论经销商拥有多大的商圈，如果经销商对推销某种商品的努力程度不够，或者根本不愿推销，一切都是空谈。

（7）安全可控原则

由于成本和信息不对称的原因，企业无法很好地对经销商的信誉进行评估，企业很难选择到信誉度很高的经销商。因而，企业要制定一系列的管理政策来减少风险，确保企业的资产安全。

（8）同舟共济原则

生产企业与渠道成员之间的合作前提，在于生产企业与渠道成员之间的相互认同。只有所有成员具有共同的愿望、共同的抱负，具有良好的团队协作精神，才能真正建立一个高效而具有持续竞争力的分销渠道。因此，设计者在选择经销商时，要准确分析经销商参与有关商品分销的意愿、与其他渠道成员合作的态度，以便能够选择最佳的合作者。一般来说，经销商的合作态度可以从接待联系人的热情程度、愿意承担的分销职能、利益的分割条件以及商业信誉等方面做出判断。

上述原则是从实现建立分销渠道的目标而提出的。他们是一个有机整体，反映了建立商品分销系统时，企业与经销商共同合作、共享繁荣的要求。设计者在具体选择经销商之前，要根据上述原则对各个可选择的经销商进行考察，尤其是对长期合作的伙伴，一定要了解清楚各种信息，只有这样，才能防患于未然，也才能真正建立具有持续竞争力的分销渠道。

5. 渠道成员任务分配

通常来说，每个渠道成员都应该承担一定的渠道职能。但是，由于受自身资金实力、销售经验、商业信誉等方面条件的限制，有些渠道成员很难胜任某些渠道职能。比如，某些大型零售商在商品促销、订货方面能够发挥显著作用，但对一些小的零售商来说，很可能是心有余而力不足。另外，不是每个渠道成员都要承担所有的渠道职能。有些渠道职能被规定为分销渠道成员的必要职能。比如，占有实体的职能对生产企业和店铺零售商来说是必要的，但对某些批发商来说，就是不必要的。因此，设计者在分配渠道任务时，一方面要考虑有关职能对经销商的必要程度，同时也要考虑经销商执行有关职能的实际能力。

下面是常见的渠道成员任务分配方法：

大区经理的作业重心是帮助经销商建设分销网络管理平台，填补其本身业务覆盖网络空隙，完成深度分销体系，保证大区销量。跟进辅助者为各对应区域分企业。

经销商的作业重心是通过与企业的覆盖网络互补，提升经销区域的销售能力，并在其中解决和分企业之间的产品品类的提供和管理、促销宣传、售后服务等方面的协调工作。跟进辅助者为相应大区经理，具体操作者是各分企业的相应职能人员。

分企业的作业重心是协助大区经理处理与经销商之间的具体分销事务，其直接作业对象是各经销商，要对接产品品类的提供和管理、促销宣传、售后服务等方面的具体事务。

营销中心总部在其中担负了各个作业层面之间的利益协调、厂部和市场之间的物流协调，最终推动全国范围内深度分销计划的全面推进，完成大经销制的建设。

6. 按步骤选择渠道成员

分销渠道成员的主体是经销商，生产商需要经销商的原因就是经销商能够更有效地将生产商的产品推向目标市场。企业可通过一定的步骤来寻找经销商，而且合适的步骤和程序，可以使企业在获取经销商时，更具有针对性、计划性和目的性。选择经销商的步骤可按以下程序进行：

（1）搜集、了解目标市场的概况

在确定开拓某个新市场时，首当其冲的就是要针对市场的经济地理概况进行全面、细致地掌握和了解。这方面的信息需要了解的有：人口规模、人均收入、消费形态和消费习惯等。在对目标市场的经济、地理概况进行了解分析后，还要大致对进入该市场的预期目标销售额和推广成本进行初步的评估，以便在选择经销商和与经销商进行谈判时，做到心中有数。

（2）把握经销商的要求

经销商的要求当然是追求利润的最大化。可经销商关心的并不仅仅是利润，经销商更为关注的是：企业的综合实力、企业产品力的强弱、企业的市场推广配合、付款方式、售后服务等。企业在与经销商接触时，要准确掌握经销商的实际需要，最好向对方提供可供借鉴的样板市场的经营情况，帮助经销商树立经营信心。

(3)了解企业自身资源及能力

在与经销商接触时,企业应当对可向经销商提供哪些资源有清晰的认识。比如产品供应、价格体系、业务发展支持的内容、推广物质的支持、管理支持、销售奖励支持等。了解企业的资源,全面展示企业的形象和实力,给经销商增强信心,同时避免向经销商轻易许诺,以免将来为此而发生纠纷,影响双方的合作。

(4)制定选择经销商的原则和标准

在选择渠道成员的时候,要遵循一定的原则和标准。企业选择经销商的时候要坚持一定的原则,不能为了眼前利益而忽视了长远的发展。制定原则目的就是为了使企业所选择的经销商更符合长远规划。企业在选择经销商前,要制定出详细的经销商选择标准,利用该标准来衡量、选择经销商。

(5)准备合作协议的框架

在与经销商进行接触前,企业要准备好与经销商谈判的合作协议框架,以争取在谈判中将经销商引入企业所期望的合作模式中,占据谈判的主动权。合作协议框架的主要内容应包括以下方面:销售区域的界定范围、合作协议的有效期、销售量指标、经销商的责任、义务(如,提供销售的存货信息、遵守企业的价格体系、执行企业的销售政策等)、市场推广支持方式、货款支付条件、违约的处罚措施等。

(6)运用科学的方法选择经销商

运用得当的方法,能更加科学地选择经销商。选择经销商的方法有强制评分选择法、销售量分析法、销售费用分析法。其中销售费用分析法又可分为总销售费用比较法、单位商品销售费用比较法和费用效率分析法。

（7）谈判并签订合同

这是选择经销商的最后一个步骤，也是关键的一个步骤。不过，渠道成员之间的关系一般是一种合作的关系，只要彼此间都能给对方带来一定的经济利益或其他利益，合作自然就会水到渠成。谈判一般是围绕谁享有多少权利和尽多少义务来展开。合同的签订一定要慎重。因为合同一旦生成，便具有了法律约束力，对合同双方都有强制性。

7. 客观评价经销商的优势和劣势

在现实市场环境中，有多种类型的经销商，各个经销商对选择原则的满足程度是不一样的。百货商场购物环境优良，客流量大，能提升商品档次，分销能力强，往往被很多生产厂家选择作为商品分销的主要零售商。但是，大型百货商场数量有限、分布密度极小，而且需要顾客在拥挤的城市交通中花费不少时间。对于许多便利品、中等档次的选购品以及消费者远离闹市的情形来说，百货商场可能不是最佳的零售商，因为它们不能保障目标消费者方便购物。相比之下，一些街头小店、位于居民区的杂货店，对于各种便利品和中档选购品来说，常常是更好的零售渠道。不同的商品有不同的分销要求，不同经销商具有不同的商品分销优势与劣势。必须经过考察和评价环节，把各个经销商的优势与劣势弄清楚，以便于选择。

为了做出客观评价，有必要把各个经销商的分销优势和劣势进行列表比较：

（1）来自历史原因的分销优势

历史优势是在过去的经营中取得的，属于当前已经存在的有利条件，例如经销商的地理位置、经营历史和经验、经营规模以及经营范围和业种业态。

①地理位置可成为一些经销商的分销优势

可以从经销商进货和销售两个方面来评价其地理位置的"优势程度"。如果经销商处于交通干线，或者接近工厂或商品仓库，进货必然容易，如果经销商处于目标消费者购物活动范围之内，或者说目标消费者能够方便地从经销商那里购买商品，那么该经销商也有优势。

②经销商自身优势的另一个来源——销售某种商品的历史和成功经验

长期从事某种商品的经营，通常会积累比较丰富的专业知识和经验，因而在行情变动中，能够掌握经营主动权，保持销售稳定或乘机扩大销售量。一般来说，经营历史较长的经销商早已为周围的顾客或消费者熟悉，拥有一定的市场影响和一批忠实的顾客，大多成为周围顾客或消费者光顾购物的首选。

③经销商的经营范围和业种业态

经销商的经营通常有批发、零售、批零兼营之分，业种通常有产品（或系列）专业型、顾客专业型和非专门化型三类。随着零售形式的不断创新，零售商业中出现了多种业态，例如：超级市场、仓储式商场、折扣商店、便利店等。经销商的经营范围和业种业态对有关商品分销具有重要的影响，不仅影响到商品分销范围和数量，而且影响到商品定位。那些符合企业商品定位的相关业种业态的经销商，无疑更具有分销优势。

④经销商的经营实力

经营实力表现为经销商在商品吞吐规模上，在市场开发的投入上的行为能量。经营规模大的经销商销售流量也较大，而在市场开发方面能够保持较高投入的经销商，其商品销售流量也绝不会小。因而它们在商品分销方面具有优势。

⑤要选择有一定资金实力的经销商

经销商分布在全国的各个地方，企业总部的信用管理人员不可能准确地对每一个经销商进行评估。而委托当地的销售代表对经销商的信用进行评估，又会有问题：谁对销售代表的信用进行评估？谁能保证销售代表的公正性？因此企业在选择经销商的时候要选择在当地商界有信誉的，同时要选择有资金实力的经销商。否则一定会在正常的合作过程中出现不信任的局面，企业可能拿50%的精力关注客户的信用状况，只有50%的精力投入业务，损害正常的业务关系。与其选择一个资金实力不强的经销商，承担坏账的风险，不如选择实力强的经销商，把主要的精力放在业务上。

上述优势是由过去的经营形成，而且在目前也具备的，因而称之为由历史原因决定的优势。这些优势一般来说是静态的，可随着市场环境的变化、时间的推移，它们也会发生改变。

（2）来自管理的分销优势

来自管理的分销优势可以从以下几个方面来评价。

①经营机制和管理水平

经营机制是企业存在与经营的基础，它是指企业经营者在所有权的约束下，对市场机会或市场压力灵活制定对策，并组织企业职工努力提高经济效益的制度性安排。可以从企业制度形式、经营者拥有多大经营决策权、对所有者和职工承担多大责任等方面来认识和区别不同类型企业。管理水平主要是指计划体系、组织结构、激励机制以及控制系统的完善程度、现代化水平。管理已被认为是现代企业运行的核心推动力量之一。一般来说，经营机制和管理的优劣主要从是否能适应市场变化，保持企业经营稳定与发展，能否提高资本收益等方面来评价。

②自有分销渠道和商圈

一些批发商、连锁商业企业、仓储式商店拥有自己的零售商店（分公司、子公司或连锁店）和固定的零售商顾客群，相当于拥有自己的分销渠道。不管是什么类型的经销商，都应当经常保持一定的顾客流量，以维持其商品销售额水平。这个顾客流量就是商圈，与商店的地理位置、经营特色、促销力度、商业信誉及声望有关。商圈越大，说明该企业商品销售量也越大。在商店林立、竞争激烈的当今市场上，能否经常保持和吸引一定的顾客流量，主要取决于经营管理。

③信息沟通与货款结算

分销渠道应当承担多方面的功能，包括信息沟通与货款结算。良好的信息沟通和货款结算关系是保障分销渠道正常连续运行的重要条件之一，因而也可以成为经销商的分销优势之一。

④经销商要有相对健全的管理体系

一般来说经销商的管理体系是不健全的，大多是家族企业，叔叔做采购，弟弟做销售，老婆管账。不可能按照现代企业制度建立管理体系，作为小企业也没有这个必要。尽管这样，这个管理体系一定要团结，一定要职责分明、权利到位。否则经销商的运作就是低效率的，就失去了它存在的意义。

由管理决定的分销优势是一种动态的优势。只有那些科学管理、重视合作与协调、灵活经营的经销商拥有这些优势。

与优势分析相对应的，我们也可以从历史原因、经营管理角度来分析有关"候选人"的劣势。例如，地处偏僻小镇的经销商可能没有较大的商圈；规模太大的经销商机构复杂、人事臃肿，管理费用很高，需要生产厂家多"让利"；与目前供应商保持良好关系的经销商可能过于忠诚，不愿意与新的生产厂家合作而"伤害"老供应商；与现有供应商关系不好的经销商也可能存在"自高自大、目中无人"或者缺乏信誉的毛病。对每个"候选人"从事有关商品分销的优势劣势进行分析和评价，将有利于准确地预测和客观地说明他们能够承担的商品分销功能，为正确地选择经销商奠定基础。

8. 广泛地获取渠道成员信息

选择渠道成员，首先必须有选择的对象。去哪里获得潜在的渠道成员信息呢？这一点，即使对于不曾拥有现有渠道成员的企业来讲，也是不太难的事。对于已经具备渠道经验或已有部分渠道成员的企业来讲，则有更广泛的途径获取这些信息。

对于有营销经验的企业来讲，尤其对于拥有独立销售队伍的企业来讲，足不出户就可获得丰富的潜在渠道成员名单，那就是通过企业的现场销售队伍。这些活跃在批发和零售层面上的销售队伍，通过多年与现有经销商的接触和交往，比谁都更了解在某些地域有哪些潜在的渠道成员。

事实上，许多公司正是通过现有的现场销售人员获得潜在的渠道成员的。原因很简单，通过长时期在销售现场的经常性交往和接触，他们可以掌握有关地区大部分经销商的基本信息。对销售人员来说，出于敏感或工作接触的关系，他们通常与那些不代理本企业的销售经销商内部的某些管理和销售人员相识。因此，如果公司打算在某一个地区重新选择渠道成员，该地区的销售人员不仅可以提供较完善的潜在经销商的名单，甚至可以为这些潜在的经销商排序，充分估算他们被开发成为渠道成员的可能性。

显然，当需要改变现有的渠道销售网络或者增加新的渠道成员时，渠道

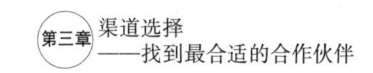

经理应该尽量通过销售人员的介绍来获得新的渠道成员。

认识到现场销售人员处于获得潜在渠道人员的最佳位置，很多具有发展和长远眼光的企业把寻找并与潜在的经销商搞好关系视为销售人员的主要职责之一，规定每个地区的销售人员随时留心新的批发商出现。这样，在评估现场销售人员的工作业绩时，是否为企业提供了合适的潜在渠道成员的能力也成为考评的一项。对于那些花时间和精力去留心发现并发展渠道成员的销售人员，公司将给予额外的奖励。

除了现场销售人员，公司还可以发动内部人力资源的关系网络来获得潜在的渠道成员。有些时候，公司内部的某些成员由于来自不同的地区，可能对该区域经销商的情况比较了解，通过他们获得潜在渠道成员的名单也是可取的。当然，这种信息必须经过更详细的调查和分析才可以利用。

许多企业会收到来自经销商的征询，主要询问是否可以代理或经销其产品。如果企业考虑不准备马上使用这些征询的经销商，也有必要注意存储这些信息，以备不时之用。事实上，很多企业都是直接征询愿意销售其产品的经销商的意见而得知潜在经销商的信息。

对于某些生产商来说，这种方式是获得新渠道经销商的主要途径。自然，收到最多潜在渠道成员征询的是那些在相关行业久负盛名的企业。

同时，还可以通过以下8种方式寻找合适的渠道成员：

（1）通过工具书

包括当地的电话号码簿、工商企业名录、地图册、手册、消费指南、专业杂志等。尤其是电话号码簿，一般情况下，当地比较有经验、有实力的经销商都会在当地电话号码簿上刊登自己公司名称，媒体上常常有同类产品广告，且有"由××公司总经销的字样"。

（2）通过消费者

依靠消费者提供信息的最好办法是进行市场调查。通过正式或非正式的调查，了解他们对自己所处的区域市场内的经销商的不同看法，终端用户能更好地从消费者角度提供未来经销商的优缺点，这是生产企业无法做到的。

（3）通过经销商征询

许多企业都通过向那些对本企业产品感兴趣的经销商来征询获得未来成员。通过这种互动，可以彼此了解，获取对方的信息。如企业不准备采用，也要储存这些信息，以备后用。

（4）通过商业渠道

商业组织、出版物、电话簿、其他出售相关或相似产品的企业是发展新经销商的有效途径。

（5）通过商业展览会或交易会

大型的贸易交流会给企业挑选渠道成员提供了一个很好的场所和平台。展览会或交易会举行的时候，该领域内的大量批发商或零售商纷纷亮相，生产企业有机会接触到大量可能成为经销商的机构。

（6）通过互联网

四通八达的互联网等电子途径为企业获取经销商名单提供了快捷、便利的方式。通过自己的网站或外部网页发布广告征询经销商，既可以节省费用，又可以建立数据库，便于日后管理。

（7）通过广告媒体

企业通过在商业刊物上刊登广告，获得大量可供选择的经销商。这种途径具有主动性，同时由于是专业刊物，可以得到更多经销商的资讯。但通过广告所获得的信息，具有量大的特点，企业还要根据情况来进行筛选，以选出符合企业和企业要求的经销商。

（8）通过其他途径

其他途径包括商会、银行行会、大黄页、关系独立的顾问、专业经纪人、毛遂自荐等。

9. 最大的未必是最好的

好的经销商不在于规模大小而在于其营销模式。即使规模再大，如果营销模式落后，这样的分销企业早晚是要倒闭的。

生产商必须记住：规模大的经销商不一定能做好分销工作，规模大有时反而会左右生产商的市场营销策略，只有营销模式先进的经销商才能给生产商带来长远的利益。

翔宇公司A市场回款550万元，比上个季度增长6%；B市场回款120

万元，比上个季度减少2%。按照销售部李主管的估计，B市场应该比A市场好，因为无论是从人口数量、密度、经济生活水平，还是从投入的广告促销费用及同类产品竞争状况，B市场都比A市场有绝对优势，可实际上，A市场回款总额比B市场高出几倍。

看看A市场和B市场业务员的工作报告就知道问题出在什么地方：A市场的经销商是一个刚刚成立一年的专职营销公司，几个年轻合伙人原来从事广告行销工作，资金上比较紧。目前仓库、办公营业场地都是租赁的，但几个人努力实干，代理两个品牌化妆品，业绩不断上升。

B市场的经销商是当地最大的百货公司，由老百货站几位经理承包经营，目前经销、代理十来个知名品牌化妆品，年销售额近一个亿。公司有专业的仓储、店面、运输车辆，财务全部电脑化管理，在当地提起该公司，几乎是无人不知。

A市场铺货覆盖率达95%以上，送货及时，节假日不休息，经销商经常协同厂家业务人员一起到现场促销，扩大销售。他们把销售厂家产品视为一次机遇，作为提升公司知名度的机会，业务运转几乎和厂家融为一体。

B市场铺货覆盖率不到50%，经销商认为产品价高市场不大，不能铺得太多，太多了收款困难，风险大。业务员和他们交谈，他们不是要求厂家多投广告，就是说价高，而且经常要介绍亲戚、熟人做厂家业务员、促销员，稍有不满意就有情绪，由于经销、代理的产品多，经常顾不上送货。针对上述问题，厂家与经销商协商过多次，一直没有进展。

第三章 渠道选择
——找到最合适的合作伙伴

看来，要对B市场的经销商做一次手术——重新换一个经销商，市场不等人，代价无法估量。

经销商与厂家的配合程度关系到厂家营销工作的成与败，上述案例就是一个典型的教训。选择经销商是营销实务运作非常关键的一步，一旦选好了一个合适的经销商，营销工作进度也就差不多完成了一半。

合适的才是最好的，考虑经销商的综合实力、网络掌控能力、后继发展能力等等是必要的。但要知道"金无足赤，人无完人"，完美的合作伙伴（经销商）是不可寻的。有专家总结国内市场有这样的一个有趣的现象：大经销商找小厂家，小经销商配大厂家，就如富家小姐找个穷小子成婚，村姑找个豪门少爷成婚一样。这反映了厂家对经销商所扮演角色的不同认知。小经销商自己做市场的能力很差，因此希望能找到全职全能的"太太"，希望这个"太太"既可以承担产品从生产、出厂到铺货、上市的一切职能，产品可以一下子覆盖所有目标市场并实现销售。大经销商自己做市场的能力很强，需要的是能完全受控于自己的"小鸟伊人"。

选择经销商要回避求大的错误思路，经销商不是越大越好，经销商越大往往越难控制，而且砸价冲货"潜力"也会越大，另外大经销商其代理的品牌多，很难对一个厂家的产品投入"专注感情"。当然，经销商也不能选太小的，从大小权衡的角度去看，选择经销商就像是找结婚对象，财大气粗的不一定好，没有面包的爱情，也不现实，合适的才是最好的。何谓合适？企业在开发新市场前首先应明确区域目标、渠道目标，明确自己要让经销商在多大的区域、在哪些渠道做销售。其次企业根据目标市场规模，目标渠道的特殊要求，如：网络、资金、运力，考虑经销商必须具备的实力——经销商至少要能够满足给这些目标区域和渠道及时供货、及时服务。在此前提之下，经销商甚至越小越好，因为经销商越大越"不听话"。

10. 多种方法选择渠道成员

众所周知，经销商在营销通路中担当着一个特殊的角色，它不仅拥有当地的销售网络，而且承担着营销环节中的储存、配送、分销、收款、服务、风险等多种职能，是厂家编外的营销队伍，是营销部门职能的延伸。更主要的是经销商掌握、了解当地消费人群、消费习惯、消费心理、消费水平、同类产品在当地的竞争情况，以及与当地政府、社区、监督、媒体部门有紧密的关系。

当然，有些厂家选择有资金实力但没有销售经验和销售网络的经销商分销其产品，还有部分厂家在外埠设立分公司（办事处）自己直营。这就要根据公司自身的经营特色、经营战略、经营战术而定。但极大部分的日用消费品主要依靠经销商一起开拓市场。

渠道成员的选择是渠道管理的重要组成要素，合适的渠道成员可以为公司今后的渠道管理打下良好的基础。通常在以下情况下选择渠道成员

（第一种情况非常普遍）：现有的渠道成员流失，公司必须重新选择渠道成员；或者公司经过周期性的评估，发现现有的部分渠道成员无法胜任分销任务，必然要剔除这些成员，考虑由其他同类的成员取而代之；或者公司需要在目前的销售区域获得更大的覆盖比例，即使其渠道按照长度、高度和经销商的类型来说都是相同的，公司也可能考虑增加终端数量以提高销售增长率。

渠道成员的选择是非常重要的。因为选择并与渠道成员共事，不是为了一笔生意或一桩买卖，而是要"联姻结亲"，长期携手合作。时下越来越多的公司重视与渠道的关系，有的甚至结成战略伙伴关系，这更加说明对渠道成员的选择需要慎重认真。

渠道成员的选择将决定消费者需要的产品是否能及时、准确地转移到消费者手中，影响到分销的成本和顾客服务。因此，从这一点讲，选择一个将成为企业战略伙伴的渠道成员，意义相当重大，如果选择不当，可能引起巨大的资源投资失误；如果选择得好，则可以锦上添花。

选择经销商的过程是一个复杂的、综合评估的过程。选择经销商的时候需要采用一定的科学方法，节约交易成本，实现真正双赢。

（1）评分选择法

评分法是指对拟选择作为伙伴的每个经销商，就其从事商品分销的能力和条件进行打分评价。根据不同因素对分销渠道功能建设的重要程度的差异，分别赋予一定的分数。然后计算每个经销商的总得分，选择得分较高者。一般来说，评分法主要适用于在一个较小的范围内的地区市场，为建立精选的渠道网络而选择理想的经销商。

（2）销量分析法

销量分析法，是指生产企业通过实地考察有关潜在经销商的顾客流量和销售情况，并分析其近年来销售额的水平及变化趋势。在此基础上，对有关潜在经销商的实际分销能力，尤其是可能达到的销量水平进行评估和评价，然后选择最佳潜在经销商的方法。

（3）费用分析法

生产企业联合经销商进行产品分销是有成本的，主要包括市场开拓费用、让利促销费用、因延迟货款支付而带来的收益损失以及谈判和监督履约的费用等。这些费用构成了产品的销售费用和流通费用，减少了生产企业的净收益，降低了间接分销渠道的价值。因此，企业可以通过提高分销渠道效率、控制流通费用来增加自身净收益。当然，生产企业销售费用的高低主要取决于被选择的潜在经销商的各方面条件和特征。设计者选择潜在经销商时，可以把销售费用看作评价潜在经销商的一种指标。

利用销售费用分析法选择潜在经销商主要有以下三种方法：

①总销售费用比较法

是指在综合分析有关潜在经销商的市场覆盖范围、声誉、财务状况、合作意愿、产品组合状况、地理位置、顾客流量、历史纪录、促销能力的基础上，准确估算各个潜在经销商作为分销渠道成员、执行分销功能过程中的销售费用。然后，直接选择总分销费用最低的潜在经销商作为候选人。这种方法常用于销售量基本相同的同一地区不同经销商的选择。

②单位产品销售费用比较法

考虑到产品销售量对销售费用的影响，在评价有关经销商的优劣时，需要把销售量与销售费用两个因素联系起来综合评价。在总销售费用一定的情况下，产品的销售量与单位商品的销售成本成反比，即销售量越高，则单位商品的销售成本越低，渠道成员的效率就越高。因此，设计者在选择经销商时，可以通过比较单位产品销售费用的高低来选择经销商。

③费用效率分析法

是指以销售业绩与销售费用的比值作为评价依据选择潜在经销商的方法。与单位商品销售费用比较法不同的是，费用效率分析法的比值是各个潜在经销商能够实现的销售业绩（销售量或销售额）除以该潜在经销商销售费用的结果，称为费用效率。费用效率是单位商品销售费用的倒数。

（4）配额择优法

配额择优法是选择地区总经销商或总代理商常用的一种方法。设计者首先可以根据目标市场分布和分销渠道宽度决策，确定各个地区或者各个分销层次所需要选择的潜在经销商的具体数量，在与潜在经销商达成合作意向后，对各个经销商进行综合考察和评价，从中选出所需的潜在经销商。

（5）经销商心态选择法

在具体规划渠道的时候不但要使用以上方法来选择经销商，还要用战略的眼光来看渠道，要考虑竞争对手的渠道策略。最好抢在竞争对手之前降低销售重心，拉近和经销商的物理距离、心理距离。考虑到了这三个核心的问题，结合系统的渠道规划办法，企业的渠道决策一般不会出现什么差错，渠道投资风险也会降到最低。

依据经销商的心态进行选择经销商主要有以下四种方法：

①经销商的心态是重视长远发展，忽视短期利益。对于企业来说，最好的是选择这样的经销商作为客户，如果企业的发展前景比较好，客户追求和企业共同发展，追求远期利益，短期利益只要得到适当的满足就可以了，企业付出的代价也不会很大。但是正因为这样的客户追求长远的发展，因此学习性也比较强，企业要能给客户带来新鲜的知识和经验，真正帮助客户成长。同时企业的未来必须也是美好的，否则客户会感到和企业合作没有提升，很可能把企业"淘汰"。

②经销商的心态是重视长远发展，重视短期利益。这样的经销商是长远利益和短期利益都要兼顾的，可以说是一个完美主义者，往往会对企业提出一些不切合实际的要求，和这样的经销商合作要引导对方看到和企业合作的长远利益，而把对短期利益的追求转化到其他的企业上面去。

③经销商的心态是忽视长远发展，忽视短期利益。这样的经销商是没有追求的人，把生意当作儿戏。经销商可能由于激情，在一段时间配合比较好，但是长远来看，只能是放弃。

④经销商的心态是忽视长远发展，重视短期利益。现在大多数的客户是这样的类型，只要现在有钱赚就可以，不考虑长远的发展。哪里便宜就从哪里进货。他们主要和企业谈价格、谈返利、要政策，而不是探讨怎样去扩大市场。这样的客户只有短期合作的价值，如果短期的激励到位，这样的客户

可以创造出销售奇迹，企业在以后的合作过程中要不断改变这样经销商的观念，使之符合企业的发展趋势。

（6）根据企业不同发展阶段选择法

企业选择合适的经销商还要注意企业的发展阶段，不同发展阶段的企业选择经销商的标准是不一样的。

①企业在孕育期和高速成长时期，需要的是快速占领市场，进行资本的原始积累。因此这个时候选择的经销商往往是重视短期利益的经销商，企业采取的销售政策是价格低、返利大。任凭这些追求短期利益的经销商在市场上开路、拼杀。

②在企业的成熟期，企业的市场地位已经确定，产品已经成为畅销产品。产品的销售主要是靠消费者的指名购买，而不是靠市场的推力，企业的利润已经降低，不可能给出来高返利和低价格。这时企业要规范市场，要选择重视长远发展的经销商；要强化自己的核心优势，向经销商输出管理、输出文化，带领经销商长久发展。

11. 选择经销商，跟着市场领先者走

对于不同的企业，渠道成员的选择可能是非常轻而易举的事，也可能是十分耗时耗神的事。就如同公司招募员工一样，有的公司凭借其名望、实力

销售渠道把控经

和影响，可以毫不费力地招募到济济人才，而有些公司因为其规模、声望等因素，很难受到人才的青睐。这正说明了渠道的选择是双向的，对制造商而言，是在选择经销商；对渠道成员来讲，是在选择供应商。因此，在选择渠道成员的操作中，切不可忘记制造商本身的因素也会影响其对渠道成员的选择。制造商自身的影响体现在各个因素方面，比如成立时间长短、产品及企业的声誉、能提供的合作条款等。

对于刚进入某行业的制造商，在渠道成员的选择上，不可能一步到位，应允许市场上的经销商对其有个认识的过程。在建立渠道初期，与一些低层次（略低于选择标准）分销成员进行合作；待到时机成熟，产品在市场上逐步树立了形象，终端消费开始大面积"解冻"，公司的"招募力"增强后，再选择达标的分销成员，而逐渐淘汰低层次的分销成员。

对于一些中小企业，选择渠道成员可以参照行业其他公司的做法，而这个参照公司多为该公司的竞争品制造商或该行业的市场领先者。行业中的市场领先者通常也是营销渠道网络的领先者，因此，其网络中的分销成员必定有丰富的分销经验和良好的分销能力。所以，对于属于市场跟随者性质的制造商来讲，选择同行中的市场领先者选择的渠道成员是一个事半功倍的巧办法。

有些企业选择分销成员的原则往往简单到竞争者的产品出现在哪儿，公司的产品也出现在哪儿。这种亦步亦趋的策略屡见不鲜。这也就是为什么人们会在大多数超市里，看到左手边是可口可乐的饮料，右手边就是百事可乐的产品，这也是为什么在肯德基的几步开外必然看到麦当劳的缘故。也就是

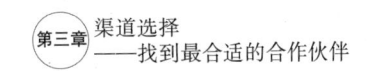

说渠道成员的选择在很大程度上是被行业中的竞争结构所决定的。

12. 经销商存在的问题

历览众多企业为其产品征寻经销商的方案，可以发现，企业对取得经销商资格的条件一般限于具有一定的经济实力、拥有相适应的渠道、享有良好的商业信誉等。这种宽泛的要求能够满足企业尽快拥有众多经销商，尽快启动市场的需要。但是，已有的经验告诉我们，依照这些条件而选择的经销商会存在一些难以克服的弊端：

（1）经销商在市场实际运作上的短视行为

经销商不是将市场做实、做细、做到位，而是投机取巧，空吃厂家的市场投放，使厂家为树立产品形象、提高产品品牌和企业品牌知名度而制定的各种方案不能落到实处，开展的各项活动也成为经销商假以谋利的手段。企业为此不得不设置监督机制，但遍布全国各地的经销商总会使其周而不全、全而不慎、慎而不实。倘若执行监督的业务员与商家"联姻"，则企业更易被蒙在鼓里。

（2）独家经销的弊端

有些企业为了使其商家拥有可靠且足够的获利空间而设置区域独家经销。但是，独家经销商却往往做不到经销独家。在利益的驱动下，经销商面

销售渠道把控经

对同类产品丰厚的利润回报，往往会心动手动，这样势必会影响经销商的人力、物力、财力的专注，分散削弱本企业产品开拓、占领、巩固市场的力度。有些情况下，经销商甚至可能主动放弃本企业产品，倒戈一击，导致区域市场崩溃。

（3）实力雄厚的经销商的"君令有所不受"

一部分实力雄厚的经销商常常以自身的资源优势对企业提出额外要求、苛刻条件，或对厂家采取"君令有所不受"的态度，而厂家一再的纵容将会激怒其他经销商，这种势态将弱化厂家控制经销商的能力，瓦解厂家与经销商之间的信任，恶化关系，最终破坏市场格局。

（4）拥有强大经销渠道的经销商的"倒货"问题

如果经销商拥有强大的销售网络，对企业而言，也绝对不是一件好事，经销商强大的经销渠道有时也会成为市场"倒货"的重要原因。

可以列举的问题还有很多，产生这些问题最根本的一点在于，企业未能真正地从市场"营销"的本质特征和需要出发去寻找、发掘合适的经销商。这里的"合适"一词，已不再是通常意义上的实力与渠道的集合，而是更多地体现为经销商作为商人意义上的品格特征和文化内涵。

众多企业都面临一个同样的问题：具有远见卓识的企业家带着各类专家和精英，策划出了一套又一套市场方案，却遇到了很多对"营销"全无理解的经销商，对一些本质意义上的问题，厂家无法将认识统一到一个应有的层次上，致使老问题屡防屡出，新问题层出不穷。

中国的市场营销已进入以产品为依托，以品牌价值为素材，以文化品位为核心的营销阶段，市场的竞争归根结底是文化层面上的较量。为使产品或服务能够久盛不衰而实行的可持续发展战略，不仅要赋予品牌以文化底蕴和特征，还要注重营造市场体系的文化基础，这项工作，企业永远无法单方面完成，必须取得经销商的支持与合作。经销商能否充分理解并忠诚于品牌的文化内涵，能否彻底准确地实现并推进品牌战略的文化功能，将是企业能否在市场上经受新一轮竞争的关键。

正是因为如此，重新审视经销商是必要而且重要的。经销商的资格条件应当从纯粹商业角度的要求提升到对其商业道德、人格品质和文化品位的筛选，这些无形之物才是真正具有恒久价值、持续张力的竞争利器。企业应当把这种筛选从针对自己的营销队伍扩大到针对经销商，在建设一支训练有素的营销队伍的同时，不忘建设一支经营作风稳健而不乏灵活、价值理念现实而不过于势利的能力型经销商队伍。

第四章
渠道管理
——别让渠道失去控制

渠道管理是指制造商为实现公司分销的目标而对现有渠道进行管理，以确保渠道成员间、公司和渠道成员间相互协调和通力合作的一切活动。

第四章 渠道管理
——别让渠道失去控制

1. 有效管理，渠道精耕

经销商承担着生产厂家和消费者之间产品和资金转移的功能，所以如何有效管理经销商一直是中国营销界和生产企业非常关心的课题。要想有效地管理经销商，最好的方法是及时满足经销商的需求，和经销商共享利润，一起发展。

作为"康师傅"系列方便面的生产商，顶益公司取得的市场成就有目共睹。随着竞争的推进，一些新问题摆在顶益面前，主要表现在铺货率难以增长、货流控制不力、市场价格难以控制、新产品推广不易。顶益认为，这些问题主要源于渠道层次过多以及经销商、批发商落后的"坐商"经营方式，导致销售渠道效率较低。因渠道过长，经销商中转次数太多，延误了产品到达消费者手中的时间，提高了公司的流通费用和产品价格；经销商缺乏开拓市场的主动性，影响了市场占有率的进一步提升。

"渠道精耕"前，顶益对经销商只有销量而没有划分区域的要求，渠道中最大的问题是区域间和层次间的不良竞争，造成市场价格的混乱，渠道利润较低，而推动商品流动的最重要的力量是渠道利润，所以

销售渠道把控经

价格一旦混乱，市场就将失去控制。解决这个问题就要在通路中形成利润的合理分配，这要求通路的层次必须协调、简洁，这是竞争发展的必然要求。

顶益认为，企业必须关注通路的演化。因为通路是跳跃式成长，而不是阶段式成长，要跟上乃至把握通路的变化，必须做比较长期和前瞻性的研究。同时中国市场是一个国际性的舞台，除了产品竞争之外，第二个重点就是通路竞争，"谁拥有通路，谁就拥有未来"。在产品同质化的情况下，通路相对成为决定市场竞争力的最重要的因素，因此有必要进行通路的重整。

产品从生产厂家到消费者中间有一个过程，在这个行销过程中层次越少越能确保两个结果：一是时间，即产品生产出来后达到消费者的时间是最短的，消费者得到的品质保证是最高的；二是利益，包括通路利益的消费者利益。通路层次减少，通路中每一位经销商的相对利润就会提高（虽然通路总利润是一样的），同时消费者的利益也会提高。这就是"通路精耕"的出发点。"通路精耕"的目的就是由通路层次的减少来提高通路和消费者的利益，增加品质的保证。这是"通路精耕"最高的指导原则。原则上顶益的目的不是要全面控制通路，而是要和通路培养很好的关系，成为"命运共同体"，从双赢角度出发，使大家都能够赚钱。以前经销商做不好，顶益会把他换掉，现在则是考虑如何能让他做好，双方建立起相互忠诚的"婚姻"关系。

"渠道精耕"必然会触动原有渠道的利益，顶益与经销商进行了大量沟通，说明精耕对双方的利益，积极寻求经销商的合作、参与或配合，将其纳入新的渠道体系，此时，参与者赚到钱的示范效应具有很大的说服力。同时顶益通过人员监控、编码管理、片区管理，了解货物流向，对不配合者的平抛、倒货等反弹行为坚决劝止、警告直至停货，表明了对精耕的实施决心，打消经销商的观望态度。顶益实施"渠道精耕"，凭借渠道管理、片区管理，使每个客户可以赚到该赚的利润，达到了消除区域间价差、压缩倒货空间，使经销商明白赚钱的方法不是向外而是向内竞争，通过提高片区内的占有率来提高自己的利润。

而且客户是可以"长大"的，一是在辖区内占有率不断提高，二是客情、服务等工作做得很好，使原本不属于他的商圈靠拢过来，自己的商圈得以扩大。同时顶益也不排除区域调整的可能。

2000年上半年，顶益的销量比前一年同期平均增长了20%左右，表明其市场占有率得到了进一步提高。（马银春. 营销有道回款有术[M]. 北京：中国致公出版社，2009：62.）

"康师傅"系列方便面的生产商顶益公司通过"渠道精耕"策略，减少通路层次来提高通路的效率和消费者的利益，提高了开拓市场的主动性，提升了市场占有率。

2. 有效预防渠道窜货

窜货，作为当前企业分销渠道中存在的一个普遍现象，虽然有不同的类型，人们对之也有不同的认识，但总体来看，市场上大量的窜货已演变成为恶性窜货，不少中间商为了获得非正常的利润，蓄意向自己辖区以外的市场倾销产品，即以低于企业规定的销售价格向非辖区销货。这种行为的危害是严重的，它会降低分销渠道的运行效率，导致企业渠道价格体系的紊乱，因为渠道受阻，导致中间商对所经销产品品牌丧失信心，严重的甚至会让企业的分销渠道网络毁于一旦。

窜货又称倒货或冲货，指经销商置经销协议和制造商长期利益而不顾，使所经销的产品跨区域销售，造成市场倾轧、价格混乱，严重影响企业声誉的销售行为。事实上，窜货既可能是以高于制造商规定某区域的市场价格向辖区之外的市场"倒货"的行为，也可能是以低于制造商规定某区域的市场价格向辖区之外的市场"倾销"产品的行为。窜货对于企业维持正常的市场秩序危害十分巨大。窜货使中间商利润受损，导致中间商对企业产生不信任感，对经销其产品失去信心，直至拒售；窜货导致地区间价格悬殊，使消费者怕假货、怕吃亏上当而不敢问津；窜货损害品牌形象，使制造商、特别是中间商先期投入无法得到合理回报，并最终使竞争品牌乘虚而入，取而代之。

窜货是现有营销体制下的产物。复杂的营销网络，混乱的管理体系导致经销商和制造商的营销人员在利益的驱使下，发生窜货现象。这是营销专家忽略的问题，在营销学中也找不到类似的概念。窜货也就成了营销人员面临的难题之一。

通常情况下，造成窜货需要具备两个条件：一是规模、数量较大，从批发环节上危及原渠道成员的正常市场组织和经营活动；二是价格，以低价格或高价格直接扰乱原渠道成员目标市场既有的价格体系。

窜货乱价的根本原因，在于目前制造商与渠道成员之间存在单纯的买卖经销关系。造成窜货的直接原因，归纳起来有如下几个方面。

（1）价格体系混乱

当前，不少企业在产品定价上依然沿用传统的价格体系，即总经销价（出厂价）、一批、二批、三批价，最后加个建议零售价。这种价格体系中的每一个阶梯都有一定的折扣。如果总中间商直接做终端，其中两个阶梯的价格折扣就成为相当丰厚的利润，从而构成其窜货的基础。

（2）多种渠道并存

由于一些企业的历史原因，导致产品分销体系中多种渠道模式并存的现象，原有渠道的产品流向新的渠道，形成窜货。企业销售渠道层次过多，企业对渠道控制能力减弱，渠道内各代理商向其下游中间商相互销售产品，造成市场混乱。

（3）销售结算便利

在当前市场上，使用银行承兑汇票或其他结算形式（如易货贸易）等非常普遍。在这些便利的结算方式下，渠道成员大多提前实现利润或当期成本

销售渠道把控经

压力很小，出于加速资金周转或侵占市场份额的考虑，以利润贴补价格，从而形成向周边市场低价窜货。

（4）运输成本不同

有的中间商离供货点很近，运输成本低；还有的离另一个辖区的上级中间商更近，提货更便宜；有的自己有车，顺便就带货回去了，这也是导致窜货的原因。

（5）销售目标过高

即便在当前市场，不少国内企业依然缺乏市场调研意识，盲目向渠道成员增加销售指标，而渠道成员为了完成企业下达的指标，不惜采取非正当手段，很容易诱导或逼迫渠道成员走上窜货的道路。

（6）同级数量过多

同一层次的中间商数量过多，每个中间商销售的市场范围过于狭窄，中间商受利益驱动，往往突破为其划定的市场范围，形成窜货。有些企业在开发市场过程中急于进行市场渗透，采取过度密集的分销方式，大量设置中间商分销其产品，结果造成市场十分混乱。

（7）渠道激励不当

为激励渠道成员提高销量，许多企业都对渠道成员实行"年终奖励"等返利措施。并且通常情况下，超额完成越多，年终奖励就越高。这样，就导致一些以做量为根本，只顾赚取年终奖励的渠道成员为了博取更高级数的差额，不择手段地向外"侵略"，从而形成窜货。

（8）个人利益驱使

营销人员的收入始终是与销售业绩挂钩的。然而一些企业的营销人员或是企业派驻在中间商那里的市场代表,有时为了自己多拿奖金,不顾企业的销售政策,鼓动中间商违规操作,向其他地区发货;有的销售人员因嫉妒企业中其他人奖金比自己高,擅自活动,让中间商向这些地区冲货,以达到破坏该地区正常销售秩序、引起中间商抱怨及销售积极性减退、销量下降的目的;有的销售人员操守不正,已经决定跳槽了,临走前跟中间商达成默契,以种种理由求得企业支持,然后向其他地区抛售,引起区域冲突等。

（9）费用使用不当

市场推广费用本是企业运作市场的一种基本投入。一些企业因为缺乏相关的企划人才,同时迫于渠道成员的压力,按一定销售额的比例作为市场推广费用拨给渠道成员使用。市场推广费用由渠道成员自己掌握,等于是产品变相降价,造成新的价格空间,从而形成窜货基础。

（10）对手恶意破坏

竞争对手可能策划、鼓动中间商进行窜货。在企业换客户的阶段,或者是企业支持力度不够,满足不了中间商的时候,中间商心存怨恨,恶意破坏市场,进行恶性窜货。

（11）市场存在差异

生产企业在市场开发过程中,会产生销售市场发展的不平衡,形成不同市场区域成熟程度存在差异,在不成熟市场上销售的产品会流向相邻的成熟市场。

总结起来,不外是价格、渠道、返利及促销政策等方面的原因,导致了企业窜货行为的发生。事实上,家家有本难念的经。有时企业是很难对这些陈年顽疾做大手术的。这是因为,厂家要上销量,就要搞促销,就要发展大

销售渠道把控经

客户；厂家要开发新市场，就要用优惠政策去吸引新的经销商等。这样就不可避免地形成区域政策的差异性。那么，厂家在既有环境下，应该如何最大限度地运用自身资源来预防窜货的发生呢？

（1）根据区域销售特点来预防窜货

不同的区域，由于其生活环境及消费水平的差异，在消费习惯上也就有很大的差异性。也就是说，在区域市场A畅销的产品，到了区域市场B就可能滞销。如果B区域经销商突然大量地进A区域畅销的产品（并不适合自己区域销售）时，就可能有窜货的企图，这时就应与B区域经销商进行沟通，预防其窜货。

某集团是一家大型的白酒企业，在苏南市场一直销售38度、42度等低度酒，一天苏南某市经销商王经理突然到该集团购买一批55度酒。这一反常现象引起了开票人员的警觉，并向公司领导汇报了这一情况，该集团领导立即请来王经理，开始王经理一口咬定是在自己区域进行销售，不会窜货。于是集团老总就对王经理说，可以开票，但要对这批货进行特殊处理。即在每箱侧面右上角同一位置都加盖某市专销印章，同时安排该地区营销人员对这批货的去向做具体报告，凡是10箱以上用户都要备案待查等。在该集团周密的控制方案下，王经理最后承认是苏北某市经销商要这批货。于是，一场窜货危机就这样化解了。

其实，只要销售部门沟通流程没有问题，这种警觉是可以培养出来的。现在财务部门与业务人员大多联系特别紧密，且厂家进货多是现款现货，每笔业务必须经过财务人员才能得以成交。因此，财务人员对于每个区域销售何种产品是非常清楚的。只要公司制定一个有效的流程，将预防窜货工作纳入财务的日常基本工作，就会减少窜货现象的发生。

（2）重点客户，重点防范

对于一些经常窜货的客户，由于其窜货手段较为隐蔽，每次都将企业各项防范措施（如外包装条码、区域标志等）先破坏后，再将货销售到其他区域，使得厂家每次都因没有充分证据而不好将其"绳之以法"。对于此类客户，应在常规防范措施上再增加一些特殊措施。

A公司经销商刘经理是该公司的大客户，销售政策也相对优惠。于是，刘经理是哪里畅销就将货销售到哪里。当然，每次刘经理手段都很隐秘，让厂家虽然心中有数，但因没有真凭实据而没有办法。后来，该公司想了一个土办法，就是其他防范措施不变，每次在货物的外包装箱上用长针在隐蔽处刺一个针眼。这样刘经理虽然将其他标识破坏，但是，由于有针眼不好掩盖，最后终于让公司找到了窜货证据，并按照协议进行了处罚。

（3）开拓保护区，与当地工商部门联合打击

由于经销商的努力，有时个别产品在某地区会处于畅销状态，因此，为了维护经销商的利益和增加公司销售，就要对这部分区域进行特别保护，以防止窜货而造成市场混乱。对于如何进行特别保护，各个企业都有自己的办法，有的企业是实行区域专卖，专门为这些区域商家开发专销产品，与其他

经销商的产品区别开来。有的厂家是开辟一个隔离带,在数百公里的隔离带中的市场都不让经销某一区域的畅销品牌。这些措施有时可能会起到一定的效果,但是,更积极的办法应是与当地工商部门联手进行防范。

某市经销商马经理通过努力将产品铺进了该市80%的大中型酒店,同时厂家通过营销整合,使该产品在当地成为领导消费的主流品牌。为了保护该区域市场的正常秩序,厂家让马经理与当地工商部门联系,合作印制了一批"某地专供××工商局监制"的防伪不干胶贴。企业在马经理经销的每瓶产品上都贴了一张,同时以工商部门名义在当地媒体上刊登广告,声明凡是没有标贴的产品都要到当地工商局登记并说明产品来源,同时要经过企业鉴定后,才能进行销售,否则将给予严惩。由于这些措施得当,使该产品在当地保持了旺销的势头。

(4)合理配置网络资源

有时迫于销售的压力,企业会忽视对营销网络的建设与管理,只顾发展经销商,拿订单、出成绩。而不去考虑经销商的选择是否合理,是否会冲击市场,二级经销商的管理是否到位等。因此,为了减少窜货现象的发生,就要合理配置网络资源。具体可采取以下措施。

①以"板块市场"为中心,一级经销大户为核心,依靠一级经销商及各级营销人员的参与,对一级经销大户的二级经销商予以管理、控制、服务和指导,同时在原有网络结构基础上优化整合部分一级经销商。

②突出以大户为中心,构建较为完善的板块市场。结合公司营销战略布

局，吸纳转化部分一级经销商为周边实力强、网络全的一级经销大户的二级经销商。同时在优化整合阶段，给予其享受一级经销商的部分销售政策。

（5）优化产品结构

企业的市场信息部门应加强对产品销售信息的收集与研究，对畅销的产品要研究其销售态势，对部分产品进行归类经营。

某公司通过对产品进行分析后发现，一部分老产品实际上只在个别区域畅销，例如，A产品在B市场的年销售总额占公司A产品销售总额的70%以上，针对这种情况，为了保证市场秩序，该公司就将A产品收回，只交给B市场的一级经销大户C销售，其他市场的经销商要想销售A产品也要通过C，销售额计作C的销售，年终参与返利。这样有效地防止了老产品由于价格透明而导致市场不好操作，同时也有效地防止了窜货等不正当的市场行为的发生，提高了经销大户的销售积极性。

（6）运用窜货识别码

经销商识别码记载着该产品所销售的区域、时间、类别等信息，是企业防止窜货所采取的措施之一。

经销商识别码是独一无二的。在发货时用扫描器对标签进行扫描，并与经销商一一对应。在货物进入流通渠道后，通过对市场上的货物进行检查，将标签上的数码发回防窜货管理系统，系统就会查询其所属经销商，从而判断产品的销售渠道是否正常、有无窜货。

没有经销商识别码，将无法确认违规的经销商。所以，在产品上打上经销商识别码,是有效、公平、迅速、准确处理窜货的基础。

3. 渠道冲突是怎么产生的

随着全球化浪潮和规模经济的出现,企业关注的焦点不再是生产更好的产品,而是在于改进分销渠道来降低成本,获得效益。这就决定了分销渠道的设计和管理至关重要。分销渠道管理的重要内容是对现有分销渠道的评估、改进、重建以及加强渠道合作,以此来提高分销渠道的绩效,增强分销渠道的活力。但是不管对渠道进行怎样好的设计和管理,渠道之间的竞争和冲突始终客观存在着。

名元公司的销售经理李利这两天有些烦恼,公司两个经销商之间闹矛盾,两个经销商又分别和公司闹矛盾。面对这种局面,该如何处理呢?

经销商甲和经销商乙是名元公司相邻的两个销售大区的省级总经销。经销商甲与名元公司的合作早于经销商乙,并且在经销商乙与名元公司合作之前,经销商甲所在的市场能辐射到并且已经辐射到经销商乙的市场甚至更远的地方。不可否认,经销商甲的市场带动了这一大区市场的发展,使名元公司的产品在这一大区得到了认可,并且走在了同行的前面。在市场成长的过程中,经销商甲的分销网点也在不断增加和成长，经销商甲有了自己较为广泛且稳定的分销网点。

与此同时，名元公司也在市场份额的逐步增长中调整自己的销售政策。其中之一就是把大区独家经销改撤为省级独家经销。首当其冲的当然就是经销商甲的市场。经销商甲也接受了厂家的这一政策调整。这当中是有其原因的：在这个大区最初与名元公司合作的也不是经销商甲，而是另一家进入此行业更早的公司，名元公司是与这家公司同步发展起来的，可以说是相扶相携了。之所以后来终止了这样的合作，主要原因在于名元公司感受不到这家公司对自己重视。刚好此时经销商甲介入了，于是名元公司逐步减少发货给这家最初合作的公司，到后来完全终止了发货，改由经销商甲接收这一大区。当然经销商甲也接收了销售名元产品的分销网点并逐步发展起来。经销商甲对名元公司应该说也是心存感激的。这是经销商甲能接受名元公司政策调整的一大原因，当然，主动权掌握在厂家名元公司手中是另一个重要原因。设省级总经销时，经销商乙才开始与名元公司合作。为了落实名元公司的政策，经销商甲放弃了自己在经销商乙市场的网络。

矛盾也在市场分割后逐步显现出来。因为名元产品当初在这一大区的销量大多数还是出在经销商乙的市场，当初名元公司对经销商甲分析市场时表示适合经销商甲市场的另一系列的产品很快就会推出。但是此产品因为诸多原因一直未推出，因此经销商甲的销售量在让出经销商乙市场后严重下滑，相反后来者经销商乙却有了更好的销量。

于是经销商甲分析说名元公司的这一政策有欠缺，经销商甲失去了经销商乙市场的客户，而这些客户没有了经销商甲处的货源，有的也不

销售渠道把控经

会去经销商乙处进货（此大区各地经销商因为物流关系，长期以来已养成习惯从经销商甲市场进货）；而有的去经销商乙处进货，经销商乙也不给货，因此这些客户只有转向经营竞争对手的产品。经销商乙则说这个市场他如果要铺货给以前经销商甲的客户，那么经销商甲肯定会继续对这样的客户放货，这是原因之一；原因之二便是有的客户本身就不适合。"公说有公理，婆说婆有理，"为了各自的利益，两家经销商在名元公司面前可以说矛盾重重。

从上面的例子可以看出，产生渠道冲突的原因很多：

（1）渠道成员的任务和权利不明确

例如，有些公司由自己的销售队伍向大客户供货，同时其授权经销商也努力向大客户推销。地区边界、销售信贷等方面任务与权利的模糊和混乱会导致诸多冲突。冲突还可能来自渠道成员的市场知觉差异。例如，生产企业预测近期经济前景良好，要求经销商的存货水平高一些，而经销商却可能认为经济前景不容乐观，不愿保留较多的存货。

（2）中间商对生产企业的依赖过高

例如，汽车制造商的独家经销商的利益及发展前途直接受制造商产品设计和定价决策的影响，这也是产生冲突的隐患。所有这些都可能使渠道成员之间的关系因相互缺乏沟通趋于紧张。

（3）沟通失败

沟通对于营销渠道系统顺利运行的重要性是不言而喻的。若沟通失败，导致的冲突至少有下面两种情况：

一种情况是没有沟通或沟通不及时,即公司没有及时与渠道中的其他成员交换重要的信息。比如,制造商想保持竞争优势,往往直到一个全国性的分销系统形成时才会宣布其新产品;而另一方面,零售商希望尽快得到新产品的信息,从而可采取相应的导入期渠道战略。

第二种情况是当渠道成员对现实预期目标或遇到的问题采取不同方法时,冲突也会产生。即使成员都极力想合作,冲突也会由于对现实的不同理解而发生。之所以这样,是因为各个成员有不同的背景及在渠道系统中的不同定位。在任何给定的情形下,渠道成员往往会根据可获得的信息以及先前的经验对现实做出不同的判断。

比如,每个成员对系统安全库存会有不同的解释。制造商会感到零售商的库存为零是因为没有维持足够的安全存货,零售商却认为其存储策略是实际的,究其原因是因为制造商供货不足。于是每个成员都会根据过去的经验,连同其在系统中的地位与角色等进行分析而得到认知。

（4）价格原因

各级批发价的价差常是渠道冲突的诱因。制造者常抱怨经销商的销售价格过高或过低,从而影响其产品形象与定位。而经销商则抱怨给其的折扣过低而无利可图。

（5）存货水平

制造商和经销商为了自身的经济效益,都希望把存货水平控制在最低。而存货水平过低又会导致经销商无法及时向用户提供产品而引起销售损失甚至使用户转向竞争者。同时,经销商的低存货水平往往会导致制造商的高存货水平,从而影响制造商的经济效益。此外,存货过多还会产生产品过时的风险。因此，存货水平也是容易产生渠道冲突的问题。

（6）大客户原因

制造商与经销商之间存在持续不断的矛盾来源是制造商与最终用户建立了直接购销关系，这些直接用户通常是大用户，是"厂家宁愿直接交易而把余下的市场领域交给渠道中间商的客户（通常是因为其购买量大或有特殊的服务要求）"。由于工业品市场需求的80／20规则非常明显，经销商担心其大客户直接向制造商购买而威胁其生存。

（7）争占对方资金

制造商希望经销商先付款、再发货，而经销商则希望能先发货、后付款。尤其是在市场需求不确定的情况下，经销商希望采用代销等方式，即货卖出去后再付款。而这种方式增加了制造商的资金占用，加大了其财务费用支出。

（8）技术咨询与服务问题

经销商不能提供良好的技术咨询和服务，常被制造商作为采用直接销售方式的重要理由。对某些用户来说，甚至一些技术标准比较固定的产品，仍需要通过技术咨询来选择最适合其产品性能的产品以满足生产过程的需要。

（9）经销商经营竞争对手产品

制造商显然不希望他的经销商同时经营竞争企业同样的产品线。尤其在当前的工业品市场上，用户对品牌的忠诚度并不高，经营第二产品线会给制造商带来较大的竞争压力。另一方面，经销商常常希望经营第二甚至第三产品线，以扩大其经营规模，并免受制造商的控制。

4. 避免冲突，增强渠道凝聚力

在渠道管理中，渠道冲突是指销售渠道中的成员之间，为了追求各自的利益和实现特定销售目标，一方认为另一方采取的做法和措施阻止或妨碍了他达到目标的行为，而引起不满，导致竞争、敌意和报复的情形。简而言之，所有渠道中相关成员的某一方或几方利用某些优势和机会，采取有损于另一个或几个成员利益的敌意行为的情况都可以认为是渠道冲突。

企业销售渠道作为企业市场营销中的一部分，近年来越来越受到企业的重视。随着营销渠道结构日趋复杂，渠道冲突的发生越来越频繁，形式也多种多样。渠道冲突如果处理不好，会严重影响企业市场营销目标的实现，甚至会给企业带来灭顶之灾。

传统渠道进军电商，电商渠道开始加紧综合化路线，并积极拉拢传统品牌商入驻。在这样的电商大潮中，传统品牌如何将电子商务纳入到自己的渠道战略中来是许多传统品牌企业思考的问题。是依托自身另起炉灶，还是利用现有电商渠道做好网络分销？

传统服装品牌七匹狼的做法是"先放水养鱼，再对大经销商进行招安扶持"，这样的实践未必是一个最好的模式，但或许能给意欲进军电商新渠道的传统企业带来一些启发。

销售渠道把控经

大多数传统品牌在涉足电子商务的过程中，总会遇到内外两大矛盾：外部的电子商务渠道和经销商渠道的冲突，内部的电子商务部门与其他部门的冲突。

从2008年开始，七匹狼的产品已经开始在淘宝上销售了。那时候，大多数传统品牌商还没有对电商渠道足够重视。当时，网络上销售的主要是库存货或者蹿货来的商品。七匹狼品牌商还没有涉足网络销售，也没有经验。因此，对于网上销售七匹狼产品的网店，只要其不卖假货，价格、拿货渠道等，公司都不加干涉。与此同时，七匹狼的电子商务部也在淘宝平台上开设了自己的旗舰店。目的是了解这个市场的规则，只有在市场中运营，才能知道谁做得最好。经过渠道乱战，2010年淘宝平台上发展起5个大的经销商，其平均一年的回款量在3000万元，营业额差不多在5000多万元，七匹狼将其称为"五虎上将"。在2010年后，七匹狼电子商务部开始以网络渠道经销授权的方式，对渠道进行梳理规范，同时对"五虎上将"进行"招安"。

七匹狼的网络渠道授权分为三个层次：第一层是基础授权，回款达到500万元就可获得基础授权，中级授权是回款量在1000万元，高级授权是3000万元。实际上，无论是"五虎上将"还是其他层次的授权，这些网店起家都是经历蹿货、低价竞争等问题。"而在拿到授权后，经销商若再有蹿货、卖假等行为，就会'杀无赦'。"

对于网络经销商的管理，并不仅仅是简单的授权。以"五虎上将"为例，最初，这几个大经销商同在淘宝平台，时常会打价格战，被招安后，七匹狼电子商务部开始挖掘他们各自的优势，帮助他们找到自己的差异化，这些大经销商有的擅长销售休闲产品，有的擅长销售商务类产品，有的擅长用户数据分析。找到各自的优势之后，七匹狼对这些经销商进行了有针对性的引导。比如某家经销商擅长卖裤装，那么其任务就是盯住市场上销售业绩最好的对手，跟随对方的变化。如果该经销商的裤装品类超出了最初的预期销售额，七匹狼电子商务部会就这个单品单独给其返点。而另一家大经销商的长处是做库存，那么七匹狼电子商务部就针对其特点加以扶持，库存来了之后优先分给他。

七匹狼还有类似于线下加盟店的"大店扶持计划"，即单独返点。在线下，某些大区的经销商会在当地做一些品牌推广的活动，这样的运营费用总部会承担30%。线上的"五虎上将"也被视为大店，七匹狼会对他们的优势进行挖掘后，有针对性地进行扶持，这样他们就愿意一致对外了。（沈坤. 渠道冲突的理论阐述及协调对策研究［D］.武汉：武汉理工大学，2019.）

所有渠道活动都是基于制造商与渠道成员结成的关系而得以实现的。随着现代市场营销的发展，营销渠道结构日趋复杂，多渠道、多种经营方式、多种主体并存成了常态。渠道成员的关系也日趋复杂，有合作也有竞争。在这种渠道关系中，大部分事实表明合作关系是主旋律。换言之，大部分的合作各方在大部分的时候都能遵守契约，用合同条款约束自己的行为，从而维护共同的利益。然而，任何关系都不可避免在某些特定时间出现不和谐之处，而在销售渠道中发生的不和谐就是销售渠道冲突。对生产企业来说，渠道冲突是可以避免的：

销售渠道把控经

（1）明确主导渠道

比如一个企业在某市设立了办事处。这时，企业在市场开发战略思想上就必须首先明确这一城市渠道的发展方向，是以直销方式为主渠道还是以经销方式为主渠道，这两个方式有着不同的操作模式。假如在这一城市的渠道是以直销方式为主，原有的经销商只能作为二批，那办事处将完全控制整个渠道的关键环节，否则区域市场的主动权在经销商手中，会使企业对经销商区域市场失去掌控力，让经销渠道有能力与直销渠道对抗。

若采用经销模式，办事处的直销队伍应被明确是作为一个辅助作用，让办事处训练有素的直销队伍开发空白市场是十分恰当的，但是空白市场一旦成熟就必须移交给经销商，建立起经销体系的优势，使经销渠道和直销渠道双方统一利益关系。

（2）保障各渠道的利益

传统渠道对网络的掌控具有一定的优势，通过与二批良好的人脉，组成一个完善的网络，而二批通过时间和关系的积累，与终端的关系达到一个良好的层次，在这些终端实行和维护经销渠道的级差价格体系。为了保障经销渠道的正常运转，在市场上实行严格的级差价格体系，确保经销渠道销售网络内部各个层次、各个环节都能获得相应利润，使整个网络得以正常运转。同时，严格防范办事处直接向二级经销商供货，使经销渠道的分销体系崩溃。

（3）渠道改造要抓住时机

在时机不成熟的情况下，不要触动其他渠道的经营方式。对于分销渠道的改造不可能一蹴而就，在经销渠道不完善、经销商的实力较弱、没有经验的情况下进行渠道扁平化的改造，促使一批商直接面向终端，这种渠道变革的行为无异于自杀。渠道的改造应该是在成熟的市场中进行，因此企业应首先完善渠道，让渠道成为市场上的优势渠道，在企业提高对渠道掌控力的前提下实行渠道的扁平化，以避免造成市场的波动。

（4）向渠道提供良好的服务

办事处对待经销商不能采取歧视的态度，也不是简单的利益利用，而是从内心把经销商看作是企业的第一顾客，向其提供优质的服务，经常性、系统性地进行指导和培训，统一双方的理念，建立一种共荣共存的伙伴式关系。通过完善经销商的管理，使其由原本的粗放型经营向精细化转变，使经销商向专业化、公司化发展，对销售通路中所有网点做到定区、定点、定人、定时等细致的服务与管理，使信息得到有效的传达和反馈，在销售渠道中以其灵活性逐步提高对市场的掌控能力。

（5）合理解决渠道之间的利益分配

渠道利益的冲突一般发生在市场开拓的后期，由于终端网点的交叉，使渠道为争夺利益而发生的矛盾，从根本上来说是利益再分配的矛盾。

办事处业务员为开拓市场立下汗马功劳，如何让他们得到相应的利益回报是解决问题的关键。在前期办事处业务员开拓新市场的时候可以按销量拿提成，但是在市场开拓的后期，这个提成占据收入的比例就应该适当降低，否则由于利益的原因，业务员会将原本应该移交的终端扣住不放，不管怎样安排，都是把最好的终端留给自己，并且移交时还会产生一种失落感，从而影响工作的积极性。因此，营销管理者必须在前期和后期确立不同的分配机制，让业务员感到是自己的辛勤工作得到了回报。

增强分销渠道的凝聚力是其企业关系营销的重要责任。因为渠道凝聚力表现为渠道内部成员之间的关系，只有通过有计划地改善内部成员之间的关系才能让渠道成员心往一处想、劲往一处使。建立和强化分销渠道成员之间的关系，主要依赖于企业对渠道伙伴的理解、关爱和支持。

5. 调整渠道结构，化解冲突

生产者的任务不能仅限于设计一个良好的渠道系统，并推动其运转。渠道系统还要求定期进行改进，以适应市场新的动态。当消费者的购买方式发生变化、市场扩大、新的竞争者兴起、创新的分销战略出现以及产品进入产品生命周期的后一阶段时，便有必要对渠道进行改进。

在较少进入壁垒的竞争市场上，有选择自由的渠道结构将随着时间的推移而变化。在给定的成本下，现在的渠道结构不再有最有效的服务输出。因此，当前的结构需要改变它的选择结构的方向。

调整渠道结构可以从以下几方面入手：

（1）渠道一体化

渠道一体化是解决渠道冲突的根本方法。从实际看，厂商之间的关系，将存在一个逐步演变的过程，这个过程可以分为4个阶段，即单纯的买卖关系——代理批发关系——代理关系——资本关系。其中，单纯的买卖关系就是目前存在的经销关系，而代理批发关系，是指厂方在进入一个新的地区时，该地区的经销商往往对该商品缺乏信心，厂方则首先采取本公司业务员直接开发终端零售商的方式。在某个地区终端零售商开发达到一定数量（占该区至少10％以上）时，则在该地区寻找具有一定网络和信用的批发经销商，利用其网络和资金，扩大销售量。同时，原来自己直接开发的终端零售商，仍然从厂方办事处或由公司提货，但其销量可以累计为所选择的批发经销商的奖励基数。显然，此类批发经销商就具有部分代理商的功能。因此，厂方在各个地区设立的非法人地位的办事处，实际上就是在行使代理职能。

厂方为了加强对市场的控制，降低厂商之间因签订合同、履行合同所产生的交易费用，降低终端零售价格，必然缩短销售渠道，从而逐步缩短直至取消批发环节。在这种情况下，如果某批发商建立起自己庞大的销售网络，就可以与厂方建立获取佣金的代理关系。随着代理关系的发展，厂方为了进一步降低交易成本，将具有较大销售网络的代理公司购买过来或控股，从而建立资本关系。只有拥有了自己的销售网络，企业才可能真正控制市场，并彻底解决窜货乱价问题。

例如，关于啤酒的销售渠道，美国公司是代理关系，英国公司则直接是资本关系。英国啤酒公司直接购买或建设酒店、酒吧等啤酒终端零售店。在英国82000家酒店中，75％分别属于不同的啤酒生产企业，从而确保了价格稳定。在家电领域，松下公司在设立了22000多家松下系列专卖店后，才成功地在全国范围内实施了不二价运动。在我国，海尔集团的销售渠道集中于直接控制终端零售，通过海尔专卖店和海尔家电园，将零售市场直接控制在自己手中，而不是批发商手中，从而切实保

销售渠道把控经

证了价格在全国范围内的稳定。(摘自《营销有道回款有术》)

因此,对处于过剩经济期的生产型企业来讲,今后投资的重点应从设备等固定资产的硬投资转到市场网络建设的软投资。对商业企业来讲,尽快建立自己的销售网络,是适应市场经济代理时代的重要生存方式。

(2)渠道扁平化

厂家——总经销商——二级批发商——三级批发商——零售店——消费者,此种渠道层级可谓传统销售渠道中的经典模式。传统的销售、渠道呈金字塔式的体制,因其强大的辐射能力,为厂家产品占领市场发挥了巨大的作用。但是,在供过于求、竞争激烈的市场营销环境下,传统渠道存在着许多不可克服的缺点,对厂家来讲,多层次的渠道格局不仅使厂家难以有效地控制销售渠道,多层次渠道中各层次价差,更是垂直冲突的主要诱因。在许多产品可实现高利润、价格体系不透明、市场缺少规则的情况下,传统销售网络中普遍存在的"灰色地带",使许多经销商实现了所谓的超常规发展。多层次的销售网络不仅进一步瓜分了渠道利润,而且经销商不规范的操作手段如竞相杀价、跨区销售等常常造成严重的网络冲突。企业面临的市场瞬息万变,消费者需求在改变,竞争愈演愈烈,技术不断创新,这些无疑使企业面临挑战,营销渠道也不例外。为迎合消费者偏好的变化,需对渠道结构进行调整,企业争夺主要渠道的竞争在不断升级。这就要求厂商作为产品或服务的供给者,应顺应渠道变化的趋势,制定符合企业发展目标的渠道策略。因而,许多企业正将销售渠道改为扁平化的结构,即销售渠道越来越短、销售网点则越来越多。销售渠道短,增加了企业对渠道的控制力；销售网点多，则增加了产品的辐射面和销售量。如一些企业由多层次的批发环节变为一层批发，即厂家——经销商——零售商。一些企业在大城市设置配送中心，直接向经销商、零售商提供服务。美国通用汽车公司斥巨资构建自己的电子商务渠道体系，目标是建立一种国际标准。这些都表明了渠道创新的扁平化趋势。

（3）约束合同化

该协议是一种合同，一旦签订，就等于双方达成契约，如有违反，就可以追究责任。关于处罚方式，对本公司业务员，厂方加大内部办事处的相互监督和处罚力度，一经查出恶意窜货，就地免职，厂内下岗。

实际上，只有个别情况，如某经销商不经销甲厂产品，但该经销商在经过某个地区时顺路带甲厂产品回到自己地区，导致偶然窜货。因为该经销商没有销售甲厂产品的网络，所以最简捷的方法是低价向该地区的甲厂经销网络销售，厂方销售人员对自己所负责的客户是否具有窜货行为，是非常清楚的。但是，由于相当多的企业对销售人员的奖励政策是按量提成，从而导致本公司销售人员的"屁股"坐在经销商身上，因为只要他所负责地区的经销商的销量增加，自己的提成就增加。因此，这种制度安排，决定了厂方销售人员对自己负责地区客户的窜货行为，不可能去认真监督防治。但是，可以通过签订不窜货协议，为加大处罚力度提供法律依据。在众合同当中，尤以"总经销合同"最为重要，它是用来约束总经销商市场行为的工具。

首先，在合同中明确加入"禁止跨区销售"的条款，将总经销商的销售活动严格限定在自己的市场区域之内。

销售渠道把控经

其次，为使各地总经销商都能在同一价格水平上进货，应确定厂家出货的总经销价格为到岸价，所有在途运费由厂方承担，以此来保证各地总经销商具备相同的价格基准。

再次，在合同中载明级差价格体系，在全国执行基本统一的价格表，并严格禁止超限定范围浮动。

将年终给各地总经销商的返利与是否发生跨区销售行为相结合，使返利不仅成为一种奖励手段，而且成为一种警示工具。同时，对所窜货物价值，可累积到被侵入地区的经销商的销售额中，作为奖励基数，并从窜货地区的业务员和客户已完成的销售额中，扣减等值销售额。

（4）包装差别化

即厂方对相同的产品，采取不同地区不同外包装的方式，可以在一定程度上控制窜货。主要措施是：

①通过文字标识，在每种产品的外包装上，印刷"专供XX地区销售"。可以在产品外包装箱上印刷，也可以在产品商标上加印。这种方法要求这种产品在该地区的销量达到一定程度，并且外包装必须无法回收利用，才有效果。问题是，如果在该地区该产品达到较大销售量，就为制假窜货者提供了规模条件。

②商标颜色差异化，即在不同地区，将同种产品的商标，在保持其他标识不变的情况下，采用不同的色彩加以区分。

③外包装印刷条形码，不同地区印刷不同的条形码。这样一来，厂方必须给不同地区配备条形码识别器。采用代码制，就可使厂家在处理窜货问题上掌握主动权。首先，由于产品实行代码制，能对产品的去向进行准确无误

的监控，避免经销商有恃无恐，使他不敢贸然采取窜货行动；其次，即使发生了窜货现象，也可以明白产品的来龙去脉，有真凭实据，处理起来相对容易，但有的经销商会将条码撕掉。

这些措施都只能在一定程度上解决不同地区之间的窜货乱价问题，而无法解决本地区内不同经销商之间的价格竞争。

（5）货运监管制度化

在运货单上，标明发货时间、到达地点、接受客户、行走路线、签发负责人、公司负责销售人员等，并及时将该车的信息通知沿途不同地区销售人员或经销商，以便进行监督。

（6）管理区域化

①划分经销商业务地区

依据所在地区的行政地图，将所在地区根据道路、人口、经济水平、业务人员数量，划分成若干个分区。依据城市地图，按照街道分区，将终端零售店全部标记出来。根据两张地图，将自己所负责的业务地区，细化为若干个分区。然后，通过与竞争对手的比较分析，发挥自己的竞争优势，以此找准突破点，以点带面。

②客户档案管理

必须尽快建立起客户档案。一是职能部门与新闻部门顾问档案。包括：单位、姓名、职务、电话、家庭成员及其偏好、家庭主要成员的父母、孩子等的生日。二是零售商与批发商档案。包括：客户名称、地点、联系方式、品种、规模、经验、负责人及其信用、行为偏好、负责人家庭成员及其偏好、客户主要成员的父母、孩子等的生日、客户购买周期、每次购买量、客户的网络及其档案。

③价格管理

所有分区，作为内部业务管理制度，必须实行价格统一。实际上，对客户来讲，保证或增加赢利的最重要措施，并不是价格高低，而是保持地区价格稳定。为了保持地区价格稳定，要在销售网络内部实行严格的级差价格体系。

级差价格体系，是在将销售网络内经销商分为总经销商、二级批发商、三级零售商的基础上，由销售网络管理者制定的包括总经销价、出厂价、批发价、团体批发价和零售价在内的综合价格体系。制定级差价格体系在确保销售网络内部各个层次、各个环节的经销商都能获得相应利润的前提下，根据经销商的出货对象规定严格的价格，以防止经销商跨越其中的某些环节，进行窜货活动。

（7）促销策略化

①制定现实的营销目标

企业在进行促销时，要制定现实的营销目标与稳健的经营作风。在对现有市场状况进行调研总结和自我资源进行评估后，制定符合实际的营销目标，不急功近利，避免寄希望于巨奖、人海战术、广告轰炸等来打开市场。

②制定完善的促销政策

企业在制定促销政策时，应注意政策的持续激励作用，防止一促销就窜货，停止促销就销不动的局面发生。制定的促销政策应能协调厂商与总经销商以及各地总经销商之间的关系，为各地总经销商创造平等的经销环境。奖励措施应当充分考虑合理的促销目标、适度的奖励措施、促销时间的控制、严格的兑奖制度和市场监控，确保整个促销活动不会出现失控的现象。

③良好的售后服务

随着行业内技术的发展与成熟，产品的差异化越来越小，服务之争成为营销竞争一个新的亮点。完善周到的售后服务可以增进厂家、经销商与顾客之间的感情，培养经销商对企业的责任感与忠诚度。企业与渠道成员之间的这种良好关系的建立，在一定程度上可以控制窜货的发生，经销商为维系这种已建立好的关系，轻易是不会通过窜货来破坏这份感情的。

（8）营销队伍的建设与管理

营销队伍是营销制胜的保证与根本。为防止营销人员窜货，应加强营销队伍的建设与管理。首先，严格人员招聘、选拔和培训制度，企业应把好业务员的招聘关，在人才市场上挑选真正符合要求的最佳人选，并提供完善的培训。其次，在企业中营造一种有利于人才发挥所长的文化氛围，企业应尊重人才、理解人才、关心人才，并制定人才成长的各项政策，如为每一位业务员设计一个完善的事业发展计划，让每一位业务员感到自己的职位与责任感在提高和发展，从而在增强其成就感与积极性的同时，增强其对企业的忠诚度。再次，应制定合理的绩效评估和酬赏制度，真正做到奖勤罚懒、奖优罚劣。公正的绩效评估能提高业务员的公平感，合理的报酬既能有效地控制成本，又能为企业留住优秀人才。最后，企业应建立良好的淘汰机制。

6. 不断进行渠道创新

市场是动态而不是静态的，市场的变化必然要求企业对营销策略做出相应的改进。随着现代市场消费结构的不断变化，消费者的需求呈现多样性的发展，势必引起商品流通中各个环节的不断变化，相应的企业渠道结构也在发生变化，这就要进行渠道创新。换而言之，从消费者方面，已经出现了一种新的需求，消费者在购买产品、购买等候的时间、出行的距离、售后服务的要求都已经发生了很大的变化，而从渠道本身，它的目标就是要满足消费者的服务需求，服务需求发生变化了，肯定渠道也要进行变革。今天的很多企业都是通过在渠道上的创新获得了新的竞争优势。

每一种渠道从导入期、成长期、成熟期到衰退期，都是一个收益逐渐变小、成本逐渐变大的过程。可以说，经销商不断地进行渠道创新已经势在必行，因为这是让自己不断从渠道经营中获得更高利润回报的根本动力！

简单地讲，经销商的渠道创新有两种途径——渠道形式创新和渠道经营创新。无论是前者还是后者，都是让经销商保持鲜活生命力的关键因素。渠道形式创新如1999年之后开始在全国范围内兴起的大卖场渠道形式，一改以往垂直式的渠道形式，在2000年之后获得了制造业的广泛认可。

渠道经营切忌因循守旧。因为竞争越多,供应商越多,渠道所开出的合作条件就越苛刻,这完全是符合价值规律的。因此,经销商要不断地对渠道形式进行反思和否定,在经营好现有渠道的前提下,不断地寻找新的渠道形式。比如由于卖场的竞争压力增大,很多经销商越来越看好"社区"这种新的渠道形式。而且借周六、周日,组织专业队伍前往社区进行产品宣传和品牌推广,由于社区具有人群相对集中、竞品稀少、沟通有效等优势,容易获得理想的效果。

渠道经营创新的手段就更多了,比如现场陈列的方式改变,灯光的改变,体验区的设置,导购人员的配置等,这都是渠道经营手法翻新的例子。从本质上讲,这就是零售商和经销商共同研究创造的零售创新。

因此,经销商除了经营好现有的超市、卖场、百货公司等看得见的渠道,还要想着怎么找到别人动不了的"新奶酪"。可能是社区,可能是直销客户,可能是电视购物,还可能是看似不相干的汽车4S店,反正只有勇于尝试新的渠道形式的经销商,才会拥有更可观并让厂家另眼相看的成长性!

企业对于渠道的创新是顺应消费市场成分、结构等变化的大势所趋。反观市场营销发展的历史,没有一成不变的渠道形式,也没有一成不变的营销手段。在渠道创新的同时,也要注意广告、促销等营销手段的创新,使之互相配合。

(1)渠道创新必须以合理定位为基础

默契和谐的市场覆盖模式是有效、高增长性渠道战略的基础。在搞清楚应该把什么产品卖给什么消费群之前,思考采取什么渠道和如何进行渠道创新是没有意义的。

（2）渠道创新必须响应目标消费群的购买准则

绝大多数渠道创新战略成功的来源是将渠道创新和消费群购买的根本因素紧密联系起来。因为不同的目标消费群有不同的购买准则，这取决于消费者是谁，他们如何更愿意购买产品？是价格？售前咨询？便利性？时间问题？哪一个要素更能使消费者买得更多，更产生购买的概率等等。消费者在内心看重的购买要素经常是渠道创新选择的决策基础。一般消费者对图书、电脑产品本身没有显著的购买要求，价格和购买的便利性便上升为最优先的购买因素，因而价格更廉价、购买更便利的网上直销自然容易成功。

（3）渠道创新必须响应商品的消费特性

商品的消费特性包括商品定义的复杂程度、定制程度、聚合性、排他性、消费教育、替代性、消费成熟度、消费风险、交易复杂程度等。渠道创新必须更好地适应和支持商品的消费特性，才能创造更好的市场效果。

（4）渠道创新必须速成良好的经济效果

在企业的市场实践过程中，人们往往会有一个普遍错误的做法，就是用时间成本和资金成本来指导渠道创新。哪一种渠道建设的时间更短、建设速度更快、投资更少，这种渠道形式就会被优先选择。这种做法是非常有害的。一个新的行销渠道即使是投资成本最低，如果它不适合达成必要的销售目标，那就是不经济的，不应该被重视。反之，一个传统分销渠道即使是投资成本非常高，如果它能达成数倍的销售目标，那它就是经济的，就应该被重视和强化。

创新对于品牌来讲，永远都是免费广告，因此，经销商打造品牌，除了进行经营创新、管理创新、业务创新、服务创新之外，渠道创新是关键中的关键。

之所以说渠道创新是经销商创新的重中之重，主要在于渠道资源是经销商最大的资本。一个没有丰富渠道资源的经销商很难称得上是优秀的经销商，因此，经销商一定要善于打造自己的渠道拓展能力。

7. 自建渠道，直接管理

随着各种超级终端的不断涌现及逐渐强势，名目繁多的进场费、霸王条款等使企业的"话语权"越来越弱。有些企业在某些市场上甚至面临产品推广遭到终端阻碍、品牌遇到侵蚀、利润不断被盘剥等现象。在这种对企业极为不利的状况下，自建渠道不仅是一种解脱，更是一种自我超越和提升。

（1）控制"船"的运行方向

目前国内企业中，各行各业都有企业在自建渠道，华帝、雅戈尔、TCL、美的、格力等都是成功的案例。不可否认，企业自建销售渠道的确要承受非常大的压力，如资金、人才等各方面的压力。但是，企业与连锁巨头合作同样要承受非常大的压力，甚至要付出更大的代价。如果我们把企业自建渠道比喻为"造船"，那么依靠大卖场只能称之为"借船"。除了能消除

销售渠道把控经

名目繁多的各种费用等压力外,自建渠道还可以避免有些终端手中操作品牌过多,一旦某个品牌利润较薄或者广告支持力度较小,就会在销售中遭受冷落等现象。

(2)自建渠道可以让企业掌握先机

这是一个"快鱼吃慢鱼"的竞争时代,谁的新信息收集转化快,谁的新产品上市快,谁就能抢占市场先机。而传统的代理商或经销商由于对生产企业开发的新产品缺乏明确的认识,对新产品上市信心不足,或者只打个人的小算盘,认为老产品还有市场销售力而不愿更新,没有看清市场潜在的危机,因而会阻碍新产品及时上市推广;有时市场上同行的营销新方式、产品更新、客户需求等信息向厂商反馈不及时、不准确,也会使生产企业错失良机。由此可见,自建渠道可以让企业掌握市场先机。

(3)自建渠道可以使企业避免不必要的竞争

另外,目前在国内一、二级市场上,连锁巨头的空间战、价格战已经拼杀得令生产企业心惊胆寒,而对于人口基数大、市场容量大、竞争较弱的三、四级城市,大型连锁渠道目前还难以触及。不管是为了缓和与大型连锁渠道的合作冲突、保护自己的价格体系,还是为了打压大型连锁渠道在不久的将来进入三、四级市场,以免再蹈覆辙,企业在三、四级市场自建渠道,精耕细作,掌握主动权,都很有必要。

(4)自建渠道有利于企业的品牌建设与维护

自建渠道对企业的品牌建设有着积极的推动作用。新产品在上市推广时,企业经常会碰到这样一些情形:

①某区域被大量的当地自产货所占据,通过本区域市场调查,发现本

品牌产品在此区域有一定的销售市场，但是，如果将本品牌投入该地的商场，无疑是自降身价。

②某区域大卖场较多，但因卖场市场定位不明晰，导致品牌鱼龙混杂，使企业对自有品牌摆卖之处感到不满意。

③某区域内很难寻找到与企业在经营理念、市场营销经验、管理水平与模式、卖场实力等方面一致或相匹配的代理商。

在这些情况下，企业就必须自建渠道，维护自有品牌形象，因为人们对于品牌的第一感觉如同对一个人的第一感觉一样重要与深刻，当一个新品牌进入新市场，第一次如果没有运作成功，要想第二次再腾飞，成功概率就会非常低。

当然，自建渠道的优点还有许多，譬如降低企业库存风险、使网络信息畅通、实现产品的互相调剂周转、提高渠道资源整合效率等。

正所谓"成也渠道，败也渠道"，渠道已是各大企业之间竞争的焦点，在企业与卖场的博弈之中也占据着举足轻重的地位。企业应该从自身、市场、同行及其他相关行业等方面进行充分调查与分析，将渠道的创建与选择作为一个企业的战略问题来审视。这样，对各行各业的众多企业来说，自建渠道的道路必将会愈走愈精彩。

自建渠道能增加企业对渠道的控制力，能使企业绕过超级终端和中间商，令他们无法盘剥企业的销售利润，这种说法当然没错，但是，这种认识并不全面。企业自建销售网络虽能更有效地掌控市场，但其前期投入非常大，对企业的管理也提出了更高的要求，另外，后期维护费用亦是一笔相当大的开支。只有像格力这样财大气粗、有众多经销商做后盾的厂商，才更适合采用这样的手段，而对绝大多数厂商特别是中小企业来说，自建渠道弊大于利。主要表现在以下几方面：

（1）自建渠道可能引起渠道冲突

通常情况下的渠道模式有三类：完全依靠经销商做市场、完全自己做市场和配合经销商做市场。目前，配合经销商做市场是绝大多数企业的选择，但配合的程度有所不同，表现也不同。自建终端面临最大的挑战就是有可能会冲击原有的渠道模式，引发渠道冲突，企业稍有不慎，处理不好渠道之间的关系，或者企图用自建渠道替代原有的渠道模式，小则引发渠道冲突不断，大则可能会引发渠道震荡。在这种情况下，如何有效地整合渠道模式，化解渠道冲突，成为企业最大的挑战。

（2）自建渠道会削弱企业的竞争力

实质上，绝大多数企业都缺乏自建渠道和管理渠道的实力和能力。对这些企业来说，抛开大卖场等现代渠道来自建渠道，无异于拆掉自家的"长板"去补"短板"，只能把自己越补越"短"。有些企业资金十分有限，在产品上投入一点，在渠道上投入一点，在营运上再投入一点，结果什么都得不到重点照顾。有些企业根本没有搞清楚自己的竞争力在什么地方就去自建渠道，既没有将自己最优势的资源集中在最擅长的地方，反而使自己最在行、最强势的业务得不到进一步强化，从而削弱了企业的竞争力。另外，自建渠道要增加大量的人力和销售成本，使企业成本居高不下。

（3）自建渠道会浪费渠道资源

俗话说，行业有分工，术业有专攻。渠道资源一抓一大把，对于并不擅长渠道运作的企业来说,如果还要搞重复建设,与专业的渠道商去竞争,难度可想而知。好多企业经营者可能会想当然地认为,渠道控制力加强,不让超级终端盘剥了,企业就可以节省好多费用。可实际上,假如企业进了大的终端,一年可以销售200万元,而利润只有3万元,但自建渠道后,却有可能连3万元都赚不到。一方面,不进主渠道,销售额会受到很大的影响,利润总额自然也会受到波及;另一方面,通过自建渠道而获得的利润有可能用在人工成本的增加上,用在铺货上,用在终端的维护上,用在渠道的管理上,同时,本来可以让渠道商先行垫付的一大笔终端要约成本,现在也需要自己直接付现。

由此可见,渠道运作的风险也是相当大的,自建渠道有利有弊,企业应根据自身的具体情况和市场情况,仔细分析、认真权衡、准确定位,做出最有利于企业发展的正确选择。

8. 制胜于终端最关键

产品的销售量直接和企业的终端铺货能力密切相关,对企业而言,制胜于终端才能最终取得营销的胜利。但对企业而言,铺货并不是一件简单的事。

在2000年《财富》杂志评比出的世界500强中,沃尔玛(Wal-

销售渠道把控经

Mart）以其1668亿美元的年销售收入排在世界第二的位置。是什么使沃尔玛由美国南部一家小零售商发展成为世界上最大的零售商？难道是由于萨姆·沃尔顿（SamWahon）那超凡的领导力？还是由于商店里安排了欢迎顾客的"问候者"？

就像所有取得成功的大企业一样，那些严格确定的目标是许多因素共同作用的结果。但其中最为关键的因素是要以比竞争对手低的价格将商品送到商店的货架上的决心。要做到这一点，库存更新价值流是关键，即需要以简单和明确的目标对该价值流重建：以尽可能低的价格将商品送上货架。

为了实现这一简单而明确的目标，沃尔玛需要一个非常复杂的后勤保障系统。它需要以最小的费用批量购进商品，然后在恰当的时间、以恰当的数量将恰当的商品分配到各商店。从收款台条形码阅读器收集到的信息被传送给负责控制的计算机。由于交叉核对，可以同样借助条形码阅读器对库存进行监控。沃尔玛建立了一个叫"交叉入库"的系统，通过该系统对入库的商品进行选择、替换，并向商店快速分发。与其说仓库是存储的设备，不如说是一个中转场地。"交叉入库"使沃尔玛能够购买整车的货物，因此，可以支付较低的价格；而且还可以在不用很多储存费用的情况下迅速将这些货物分发到各个商店。

像沃尔玛那样高度普及的战略系统在其他地方已经被广泛模仿。战略优势只能持续一段时间，然后新的机制就变成了行业的普遍做法。那些采用新做法较慢的企业会受到伤害。为了保持领先，企业需要明确的是那些发展机制使它能够在计算机化生态系统中保持领先地位。

沃尔玛的系统需要一个从各销售点到分销中心和4000个自动售货机连续的信息流。精心制作的计算机网络对快速的商品运输进行筹划,确保商店拥有顾客需要的商品,而且储存费用最低。在一段时间内,沃尔玛对商店内商品的补充速度远远超过行业的平均水平,并且达到了较低的储存费用水平,取得了批量折扣。它不是集中地将商品推给商店,然后由商店再推给消费者,而是通过沃尔玛的计算机网络根据顾客的购买需求将适宜的商品吸引到商店。因为计算机可将顾客行为的具体信息提供给商店的管理者,因此他们可以制定确定性决策,以决定储存什么商品。沃尔玛对系统进行了较好的协调,不断地对库存补充的战略能力进行改进。之后,沃尔玛向前走了一大步,它与供应商建立了计算机化连接,这样那些供应商自己就可以对沃尔玛的货架进行补充。沃尔玛为这些供应商分配了货架空间,并且在商品售出后向供应商付款。对于这些商品,沃尔玛是零储存费用。

总之,沃尔玛通过"交叉入库"系统,不仅加快了商品的补充速度,而且达到了较低的储存费用水平,取得了批量折扣,做到了以尽可能低的价格将商品送上货架,取得了竞争优势。　　　(摘自《沃尔玛案例分析》)

一般来说,企业在终端铺货时要遵循以下原则:

(1)精确调研

"没有调查就没有发言权",同样,没有前期细致、周密的调研,终端铺货就很难开展。调研内容大致包括：调查该区域市场的零售商数目，以便确定终端铺货的时间和铺货人员数量；获取竞争对手信息，为制定终端策略做准备；获取终端零售商的联系方式，以便终端铺货和后期回访。

（2）有针对性

针对终端的种类、规模、档次，选择铺货的产品品种、档次，确保产品最大限度满足目标消费者的需求。

（3）及时

确定终端销售意向，签订销售协议后，就要及时地向终端铺货，以防夜长梦多。在销售过程中要根据销售情况及时向终端铺货，防止终端断货，影响销售。

（4）少铺勤铺

终端若不能现结，会使赊欠货款情况非常严重，因此，最好一次不要铺太多货，要采取少铺勤铺的原则，以降低欠账或退货风险。

（5）二八原则

一般来说，市场业绩的80％是由20％的终端创造的，所以在铺货前期要按二八原则，将80％的精力放在占终端总量20％左右的质量型终端上。

（6）品牌带动原则

选择一个主产品，要求包装、设计上档次，质量较高，制定合适的价位和促销来塑造品牌形象，以此实现单品突破，在此基础上来带动其他产品的铺货。

事实上，要实现迅速而成功的铺货，企业首要的问题是如何把铺货阻力减到最小。商品流通中客观存在的大量商品不断地停留在流通的各个环节，造成大量的商品资金积压和仓储费用的增加。因此，企业必须对商品储存进行科学的管理，使商品储存在数量、品种结构、地理分布和时间长度等各方面能适应消费者的需要，以保证分销渠道的畅通。

第五章
渠道激励
——让经销商为你摇旗呐喊

　　渠道系统是由两种不同利益目标和思考模式的组织构成的。中间商和制造商的关系不是上令下行的关系，维系相互之间合作关系的纽带是对利益的追求。对制造商而言，为了使整个系统有效运作，渠道管理工作中很重要的一部分就是不断地增加维系双方关系的利益纽带，针对渠道成员的需求持续提供激励。

第五章 渠道激励
——让经销商为你摇旗呐喊

1. 激励渠道成员很重要

作为市场营销体系上最重要的一环——渠道激励的成败将直接影响产品在市场上能不能顺利流通起来，能不能获得资金的流转而得到进一步发展，能不能完成对终端的占有和对消费的拉动。大多数情况下，构成分销渠道系统的各个渠道成员与企业属于完全独立的不同经济实体。这种渠道系统的构成决定了企业与渠道成员之间的关系不是严格意义上的上令下行的关系，而是一种合作关系。维系这种渠道成员之间，渠道成员与企业之间关系的纽带则是双方对利益的一致追求。因此，渠道激励是新品上市后驱动分销激情的最重要环节。

实达为进一步畅通销售渠道，使用户更方便地获得高品质Modem（调制解调器）产品，实达网络科技公司从2000年5月底开始在全国进行二级渠道的有奖销售活动，该活动每月进行，一直延续到2000年底。5月份在北京、上海、成都、广州等全国14个重点城市进行二级渠道的有奖销售颁奖活动。颁奖活动与二级经销商的培训活动同时举行，既是实达活跃产品流通渠道的重要举措，又是实达网络2000年Modem渠道整体方案——"金光大道"中一项重要活动，通过这样的活动，实达网

销售渠道把控经

络进一步与各级代理商实现高度融合、通力合作,最终对畅通渠道、双方互利起到积极的促进作用。

实达各分销中心商务人员为主要组织者,总部选择重点城市进行考察并确定举办地点。颁奖活动在华北、东北、华东、华南、西南等地区的14个重点城市分两轮进行。第一轮活动于2000年5月在北京、济南、沈阳、上海、杭州、成都、广州、昆明进行;第二轮活动于2000年6月在哈尔滨、南京、武汉、福州、重庆、西安进行。评奖活动主要根据2000年1~4月各二级经销商的销售量及忠诚度、配合度等因素,经综合评比在每省评出若干名优秀经销商并给予奖励,以其为典型进行大力宣传,从而带动其他经销商的积极性,实现产品生产厂家与经销商的密切融合,共同做好产品销售工作,确保能够满足用户的需求。

2000年以来,国内Modem用户大幅度增长,市场处于专业型用户向大众型用户转变的时期,市场上的Modem产品也已逐渐进入生命周期中的成熟阶段,Modem品牌趋向集中,少数几个产品质量高、形象好、市场占有率高的品牌越来越受到众多用户的青睐,作为中国"猫王"的实达Modem也成为竞相购买的焦点。产品厂家不仅要不断提高产品质量,丰富产品功能以适应用户需求的变化,而且要保证产品的充足供给及易获得性。为了更好地顺应市场的发展和需求,4月初实达网络还专门召开了实达Modem的代理商大会并提出"大渠道发展战略",标志着"金光大道"整体渠道方案的正式启动。它将通过规范、畅通销售渠道,最大限度地满足市场需求,从根本上解决用户对产品的易获得性问题,为用户提供最大的便利。(高民杰. 渠道制胜[M]. 北

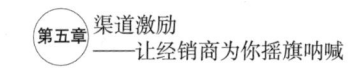

第五章 渠道激励
——让经销商为你摇旗呐喊

京：中国经济出版社，2009：98.）

生产企业如果没有充分调动中间商的积极性，生产企业的整个分销渠道就很难产生预期的效益。生产企业对中间商的激励就是针对中间商的实际需求，持续为其提供必要的帮助，以维护双方良好的合作关系，加深双方之间的友谊。一般情况下，生产企业对渠道激励的意义有以下四个方面：

（1）有利于获得充足的空间和时间

产品从生产企业到达中间商以后，中间商在产品的展示、促销方面所作的努力、对产品推销的意愿等，都会在很大程度上影响最终消费者的购买行为。生产企业只有对中间商进行激励，提高中间商推销产品的积极性，才能为产品创造出更大的销售空间。另外，大多数的商品销售都有季节性或时间性，因此生产企业需要中间商的协调和帮助，使产品在淡季仍能维持一定的销量，而旺季的销量能得到大幅度的提高，这都需要生产企业对中间商进行有效的激励。

（2）有利于中间商早日回款

中间商回款的速度越慢，生产企业承担的风险越大。在现实生活中，有些中间商之所以迟迟不愿给生产企业回款，并不是他没有及时回款的能力，而是缺乏及时回款的动力和意愿。对于这种情况，企业一方面要通过各种制度和措施加强对中间商回款的管理，同时，生产企业也可以对中间商进行有针对性的激励，使其自觉、自愿的及时回款。

（3）有利于获得市场信息

生产企业对信息的掌握程度，往往会影响到企业的战略决策、营销策略、价格策略以及促销策略等。生产企业由于距离最终消费者相对较远，很难及时、有效、准确地掌握有关市场信息。而中间商直接面对的是终端客户，可以直接了解到客户的需求和市场的变化趋势。如果生产企业能对中间商进行有效激励，使得中间商能够自愿与其沟通并提供信息，这对企业的发展将有很大的帮助，尤其对于企业制定产品定价战略和营销战略有着重要的作用。

（4）有利于加强企业宣传

中间商作为沟通生产企业与终端用户的桥梁，除了能向生产企业反映消费者的需求状况及市场变化趋势外，还可以积极向消费者宣传企业的理念、企业的价值观、企业产品的核心卖点、企业的信誉状况等。生产企业只有对中间商进行有效的激励，中间商才可能真心实意地维护企业形象与品牌形象。

2. 渠道激励的9个原则

企业对渠道成员激励不够，后者动力不足。激励过多，后者又往往把部分激励转化为制造渠道冲突的资本。对渠道成员激励体系的设计，是基于企业目标和发展战略，建立和管理渠道中极为重要的一环。因此，生产企业在对中间商进行激励时，必须坚持以下九个原则：

（1）全面原则

在建立渠道时，企业要对渠道应该承担的功能进行充分的评估，以系统化的角度，对渠道成员应该完成的职能进行分解。比如销售职能，除了完成销售量目标，还应对销售区域、销售价格、销售节奏等要素，做出明确规定。同时，激励体系的设计，也应覆盖除了销售量指标以外的其他要素，以避免渠道成员为单纯追求销售量而跨区、低价销售，冲击市场。渠道激励的全面原则，旨在通过激励体系的设计，要求渠道成员围绕企业总体的渠道目标开展工作，而不仅单纯集中精力和资源于某一个方面，从而保证渠道的健康发展。

（2）针对性原则

对于不同的中间商，生产企业应在对其充分了解的基础上，选择不同的方法对其进行激励。如果随便采用一种激励方式或全部采用单一的激励方式，往往很难起到激励的作用，也很难达到激励的目的。

（3）多样化原则

企业和渠道的关系是基于利益的合作关系。由于利益机制的不同，企业和渠道在合作中的矛盾也层出不穷。企业有政策，渠道有对策。其冲突的实质在于双方利益出发点的不一致。解决这一问题的法则在于，奖励的"原则"不变，奖励的"方法"常变。如奖励对象，除了对渠道成员作为企业整体奖励外，还应对具体的销售人员进行奖励；除了资金奖励，还应有实物奖励、培训奖励等等。渠道激励的多样化原则，使渠道成员难以在短时间发现激励体系的漏洞，最大限度地避免渠道冲突的来源。

（4）明确原则

渠道激励的核心无疑是"激励"，激励在于通过利益驱动促使渠道成员的努力方向围绕企业的目标进行。企业的渠道目标将伴随市场的变化，在不同时期，不同区域有不同的侧重。伴随目标的调整，对渠道成员的激励措施也必须做出相应清晰的调整。渠道激励的明确原则，使渠道成员充分了解企业对细分市场的目标，通过明确的利益导向，引导渠道成员达成企业目标。

（5）模糊原则

企业的目标往往是在全国市场的利益最大化，而渠道成员的目标是在细分市场的利益最大化。在充分竞争的市场条件下，渠道成员为达成自身目标，往往把企业给予的奖励或返点作为打价格战的"本钱"。通过降价扩大销量，争取更多的返点和奖励，于是更有资本低价倾销，结果陷入恶性竞争循环。解决这一问题的方法，一是如前所述的"全面原则"，除了销量奖励在适当区域、适当出货价格外，另一有效方法就是模糊原则。即把对渠道的奖励分成"清晰部分+模糊部分"。通过"清晰部分"指引渠道成员的努力方向，而通过在事前模糊一部分奖励，使渠道成员难以计算最后的实际奖励金额对低价倾销的抵补，从而不敢轻易地降价销售。渠道激励的模糊原则，使渠道成员难以在事前掌握最终来自企业的利益回报，从而避免渠道成员把企业的部分奖励转化为渠道冲突的资本。

（6）客观性原则

生产企业对中间商进行激励要有一定的依据，要有一定的评判标准。比如说，生产企业可以按照中间商创造的净利润为评判标准，也可以按照中间商的销售量为评判标准。总之，生产企业对中间商的激励既要能够对不同中间商区别对待，又要坚持一定的标准，要真正做到公平、合理。

（7）尊重原则

为了在渠道中促销，企业通常会采用各种激励措施。但激励措施是否可行并且有效,往往成为中间商抱怨的焦点。一般来说,中间商都有其明确的经营目标,并为实现其目标制定了一整套营销策略和方法,外部对此不能随便干预;对中间商而言,最重要的是客户,而不是生产企业;他们感兴趣是顾客要从哪儿购买什么,而不是生产企业要向他们提供什么;中间商往往会把他所销售的所有商品当作一个整体来看,他关心的是整个产品组合的销量,而不是单个商品种类的销量。渠道设计者只有准确认识到这几点,才能对其进行有针对性的激励。

尊重中间商是营销工作者必备的素质。尊重中间商,企业才可能得到中间商的尊重;而只有赢得中间商的尊重,企业之间的合作才能得到进一步深入拓展。在营销工作中,尊重中间商,加强双方之间的感情,以私交来吸引中间商,不失为一种花费少、效果好的手段。

(8)长期原则

企业的渠道目标和策略将不断地做出调整,以适应市场发展和企业自身实力、资源状况的变化。因此,企业对渠道成员的利益,也必须做出长远的考虑和承诺。如果企业的激励措施只重短期或是朝令夕改,将会使渠道成员形成"捞一票"就走的心理暗示。渠道激励的长期原则,旨在通过激励体系的设计,使渠道成员了解到,其自身利益的最大化只能通过和企业的长期合作才能得到实现。而不是单纯集中精力和资源于目前的短暂时间段,这样才可保证渠道的长期稳定和发展。

(9)适度原则

生产企业对中间商的激励必须坚持适度的原则。激励不足或过度激励都会对生产企业本身不利。如果激励不足,就很难激发中间商的积极性和主动性，难以达到激励的效果和目的；如果过度激励，就会加重企业自身的负担，长此以往必然影响企业的生产经营，并从企业长期发展的角度来看，也没办法达到激励的目的。因此，生产企业对中间商的激励必须坚持适度的原则，一般情况下，只有确定认为有必要的情况下，才能对中间商进行激励。

3. 适时奖励，提升经销商的积极性

在促使经销商加盟渠道时，企业可提供一系列的"诱因"，以激起各经销商加盟的欲望。这一系列的"诱因"包括企业为他们提供的利润空间、企业和企业产品的市场发展空间和前景、企业为他们提供的服务水平和双方达成的合作方式等多种因素。对于已经加盟进来的经销商还要不断给予激励，才能使他们更加积极地销售企业的产品，从而提高企业的销售业绩与市场占有率。

通常，对经销商的通路激励手段大致分为以下几种：

年度销售目标奖励

即设定一个销售目标，如果经销商在规定的期限达到了这个目标，则按约定的奖励给予兑现；也可设定多个等级的销售目标，其奖励额度也逐级递增，激励经销商向更高销售目标冲刺。经销商的奖励最好不要用现金或货物等方式，以避免出现低价倾销或冲货等扰乱市场行为的发生。

要想使奖励真正有效，企业在制定年度销售目标时，应遵循如下原则：

（1）目标适宜的原则

目标定得高一点，但又不能过高，否则是自设经营障碍。

（2）配套运行的原则

这一原则适用的基本前提是，其他营销措施及管理系统应与之相配套。

（3）独具特色的原则

特色即特点，企业在制订经销商政策时，应充分利用搜集到的同业信息进行比较分析，结合自己的优势，制订出独具特色的经销政策。

（4）稳健经营的原则

一个企业在任何时期都不能忘记，稳健经营是企业发展的根本。在制订经销商政策时，尤其要考虑到执行的可行性，充分考虑各种因素，一旦制订下来，就要严格实施，该兑现的无论如何都要兑现。

（5）激励上进的原则

在考虑企业利益的同时，充分考虑经销商的利益以及精神上的激励。

基于以上五大原则，企业在制定经销商的政策时，可从以下五个步骤着手：

第一步，考虑经销商的中短期利益，这既切合经销商求利心切的心理，又是让他有信心的强有力因素。

第二步，考虑对经销商的成长与合作成果作必要的奖励。这不但要从物质上进行奖励，还要从精神予以激励，如旅游或者是给予荣誉称号等等。一方面，提高经销商的销售积极性；一方面使经销商对公司、品牌、产品保持更大信心。

第三步，制定完善的教育培训计划。未来企业是学习型企业，企业自身在不断学习、进步的同时，也要提供给经销商一个提高的机会，让经销商在不断学习的过程中接受企业文化的熏陶，为发展长期战略伙伴关系打下基础。

第四步，健全支援计划。不但在广告、公关、促销等市场推广层面上要有全盘计划，还要在人力资源、市场督导等方面予以更多支持，以巩固良好的客情关系。

第五步，从战略伙伴关系的高度上考虑，双方在共同发展的过程中不断磨合、融洽，从中寻找可建立长期关系的经销商。充分发挥经销商的社会资源优势，以建设品牌，促进企业的发展。

阶段性促销奖励

即为提高某一阶段的销量或其他营销目标而开展一些阶段性促销奖励。相对于长期目标奖励，短期促销更有诱惑力，更能激发经销商的积极性。

非销量目标促销奖励

如产品专项经营奖励、铺货奖励、陈列竞赛等一些与销售目标无关的新颖奖励。

许多企业认为，激励的目的是为了取得经销商的合作。因此，他们对经销商提供积极的动力支持，如较高的利润、特别优惠、奖金、合作性广告补贴、陈列津贴、销售竞赛等对经销商进行激励。而当这些举措没有奏效时，他们又采取相反的举措，如威胁要降低利润、放慢送货速度，或者结束合作等对经销商进行刺激。这种方法的缺点是，企业没有认真考虑过经销商的需求、优缺点以及遇到的困难，只是依靠草率的刺激——反应模式的思考，认为只要有一定的刺激就会产生相应的反应，因此把很多繁杂的刺激措施拼凑

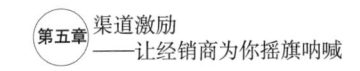

起来加以运用，其效果肯定不佳。

4. 让促销发挥积极作用

通常来说，经销商对生产企业的促销活动都比较支持，因为双方都有利可得。

从1998年开始，华龙提出实施"百万富翁工程"，即通过2~3年的合作，在经销商中造就100名百万富翁。现已有30多名经销商跨入百万富翁行列。华龙集团同全国600个经销商搞起了联合、联利、联心，厂商共走长期、长远、长久合作的"双赢"之路。"伯乐相马"的示范作用让全国各地的大经销商趋之若鹜，大量的资金利润源源不断地划到华龙的账上。利用这些资源，华龙的生产线增加达到了50多条，年生产能力32亿包，有效满足了日益扩张的终端市场需求。

实行灵活多样的营销政策，开展富有创意的促销活动，是保证华龙产品畅销不衰的关键。集团在保证每包方便面只赚1分钱的前提下，最大限度地实施品牌推广，回馈经销商和消费者。

几年来华龙实行了送货上门、股本奖励、运费补贴等形式多样、机动灵活的多种营销政策，根据淡旺季和新品开发上市等不同情况，确定不同比例回扣和奖励。还根据消费者的需求开展有创意的促销活动、订

销售渠道把控经

货会、展销会、消夏晚会、客户联谊会、新闻发布会、发展战略研讨会等，1999年12月华龙又出资组织29名业绩名列前茅的经销商到新、马、泰、港旅游，加深了与厂家之间的感情。各种促销品大至促销车、冰箱、彩电，小到T恤衫、广告伞、圆珠笔等，都新颖别致、物美实用。这些营销策略和促销活动保证了华龙产品旺销的生命力。

华龙的促销活动充分体现了"客户是企业的衣食父母，没有客户就没有企业，没有企业就没有个人"的企业理念，把"服务至上"融入网络建设当中。2000年，华龙购买了1000辆促销车，分配给长江以北的1000个县级经销商使用，帮助经销商开发设置县级网点，帮助经销商到城镇去设点，到农村去铺货，到夫妻店去工作，关心得无微不至。

自1997年起，华龙每年投入4000万元做品牌推广。在其广告片中，没有夸夸其谈的大道理，采用的都是最平实、最贴心的话语："好像小时候妈妈的手擀面"。而"小康家庭"的广告词是："双料酱包味道好，只售单包价格更实在"。（高民杰.渠道制胜[M].北京：中国经济出版社，2009：109.）

好的政策可以促进销售，差的政策会使销售下降，所以在制定促销政策时一定要考虑好以下几个方面。

（1）促销的目的

很多人认为促销就是增加销售额，这种观点比较笼统，不便于企业执行、考核。所以企业在制定促销政策时必须明确促销的目的。明确促销能够增加多少销售额，增加多少批发商以及能够渗透多少终端店。

（2）促销力度的设计

设计促销力度，首先要考虑到促销能否引起经销商的兴趣。其次要考虑促销结束之后经销商的态度，另外还要考虑成本的承受能力。很多企业都是拿利润来促销，一促销销售额就上去了，不促销就没有利润可言。

（3）促销内容

促销的内容一定要新颖，能够吸引人，可以是搞赠品、派送、返利等活动。

（4）促销的时间

什么时间开始，什么时候结束，一定要设计好，并让所有的客户知道。

（5）促销活动的管理

促销活动在正常营销工作中占有很重要的位置，无论是公司统一组织、统一实施、还是分区组织、分区实施，从提交方案到审批、实施、考评，都应当有一个程序，从而确保促销活动的顺利进行。

在市场上没有什么是一成不变的，企业应灵活运用这些激励方式，根据自己的战略目标以及当期的任务，对经销商做出合理的激励。总而言之，企业对经销商的激励措施应建立在客观大环境以及理解的基础之上，掌握激励的时机与节奏，把握一个"度"字，巧用资源，以达到市场操作的成功。

5. 间接激励比直接激励更重要

激励中间商的形式多种多样。从本质上讲，无外乎直接激励和间接激励。在营销渠道管理实践中，很多公司都能非常熟练地运用直接激励的各种方式，但很少或不会运用间接激励的方法来赢得中间商的合作。事实上间接激励比直接激励重要得多。

间接激励，就是通过帮助经销商进行销售管理，以提高销售的效率和效果来激发中间商的积极性。其做法多种多样，主要包括以下几种形式：

（1）帮助零售商进行零售终端管理

终端管理看似比较简单，但也需要相应的技巧和技能。终端管理的内容主要包括铺货和商品陈列。比如，生产企业可以通过定期拜访、帮助零售商整理货架、整理商品陈列形式等方法帮助零售商进行终端管理。

（2）帮助中间商建立进销存报表，做安全库存和先进先出库存管理

进销存报表的建立，有利于中间商了解某一时期内的销售量和利润情况；安全库存数的建立，可以帮助中间商安排进货；先进先出的库存管理，可以减少即期品（即将过期的商品）的出现。

（3）帮助中间商管理其客户往来，从而加强中间商的销售管理工作

生产企业可以通过帮助中间商建立客户档案，包括客户的名称、地址、联系方式、信誉状况、购货情况、个人喜好等，并根据客户的具体情况对其

进行分类或分级，据此指导中间商对待不同等级或不同类型的客户应该采用不同的支持方式，从而更好地服务于不同性质的客户，提高客户的忠诚度。

（4）对渠道成员进行免费培训，为其提供学习机会

生产企业可以聘请相关专家或专业销售人员对渠道成员进行定期的培训。培训的内容不仅仅是产品相关知识，更多的应该是销售技能和销售技巧方面。在条件允许的情况下，生产企业还应该为渠道成员提供学习和深造的机会，这对提高渠道成员的综合实力大有裨益。

6. 返利是一种很好的激励策略

返利是指企业根据一定的评判标准，以现金或实物的形式对中间商的滞后奖励。通过返利形式来激励和控制经销商，是厂家常用的一种价格策略。根据返利的公开与否，返利分为明扣和暗扣。

很多厂家经常抱怨经销商唯利是图，不与自己同心同德。在商言商，经销商这样也是很正常的，厂家不要急着埋怨，而是要反省自己的销售政策有没有到位。明扣就是一种控制并激励经销商的有效手段。任何约定没有利益来调节都是一纸空文，采用明扣的价格政策，就是要告诫经销商：别乱来，乱来要吃亏。明扣适合于单品利润空间较大而销售总量相对较小的产品。

联邦再青春面部智能修复系统，其单套零售价是2980元，省会级城

销售渠道把控经

市总经销价和地级市总经销价分别是1750元和1850元，中间价差分别是1230元和1130元，应该说它的单品利润是非常高的，但是单品价格越高，市场销售量越小。厂家为了调动经销商的销售积极性，规定了很高的明扣奖励，他们规定，经销商完成相应的季度提货量，享受每台100～200元的奖励；没有违反市场保护的有关规定，享受每台100元的奖励；经销商在销售过程中每登记一份客户资料，又将获得20元的奖励，也就是说，经销商每销售一台产品，最高可得到320元的返利，返利比例达到进货价的17%，这对经销商的诱惑是相当大的。这么高的明扣，极大地调动了经销商销售产品的积极性。（摘自《营销渠道成员激励》）

厂家将一部分利润空间握在自己手中，从而确保对通路成员形成有说服力的控制，否则，没有明扣握在手中，会导致厂家对通路成员说话没有分量，达不到促使市场健康成长的目的。明扣的优点在于，其对经销商有一定的控制力，但缺点是经销商知道扣点，很容易出现为了增加销量而牺牲自己的扣点进行"砸价"，扰乱产品市场价格体系。所以，为了弥补明扣的不足，暗扣也应运而生。

暗扣，就是不公开返利额度的扣点，主要用于调节地区差，以及防止经销商低于厂价出货的一种价格策略。明扣的点数大家都知道，部分经销商为了争抢客户，将自己的扣点也拿出来贴进价格中，造成市场价格混乱，导致经销商之间的竞争进入恶性循环，运用暗扣的返利政策，就可以将这一现象控制到最低程度。暗扣适用于单品利润较少而总量相对较大的产品。例如，某日化企业的洗衣粉采取的是低价市场策略，因此，它的销售利润很低，但市场占有率却很高。为了防止经销商的乱价行为，他们采取了暗扣返利政策，并规定谁有乱价行为，就取消谁的年终暗扣，这样经销商就不敢乱来了。

明扣与暗扣可分别运用也可以同时运用。明扣与暗扣同时运用时，通过明扣对经销商形成约束，在市场开始出现砸价现象时，再通过暗扣对经销商的砸价形成约束，从而保证价格政策的顺利实施，维护市场价格秩序。

某保健品企业在开拓市场初期，由于经销商在区域内的市场还没有充分启动，所以只采取了单一的明扣政策。当市场充分启动、市场面越来越广的时候，经销商就耐不住了，砸价争抢客户的现象屡屡发生。在这种情况下，厂家采取了新的销售政策。一方面大幅度压缩明扣比例，一方面宣布按厂家政策运营的经销商享有年终暗扣的奖励政策。暗扣数目较大，使经销商探不到厂家返利额度的深浅，及时控制了市场价格的混乱局面。

在制定返利政策时，还要充分考虑返利结算形式。一个完整的返利政策，必须有返利结算相配合，才能发挥其激励作用。

（1）返利兑现时间

返利一般以月、季、年为单位。应该根据产品的特性、货物流转周期而定。无论是哪种返利，都应在规定的时间内完成结算，及时兑现，否则不但不能起到促进销售的作用，还可能打消中间商的积极性。

（2）制定返利标准

返利的制定标准要清楚，对不同的品牌、品种、数量、等级要制定不同大小的返利，不能含糊不清，要让中间商非常清楚地知道哪个产品、哪个品种有多大的返利利润空间。

（3）返利兑现形式

是现金返利、货物返利还是二者结合，一定要明确。不同中间商要制定不同的兑现形式，实际应用中要灵活。

（4）返利附带条件

为了防止返利成为"窜货""砸价"的支持力量，在制定返利条件时，一定要考虑加上一些附加条件。比如，严禁跨区销售、严禁擅自降价、严禁拖欠货款等，一经发现，立即取消返利。

（5）返利注意事项

①返利制定的标准要松紧结合，高低有序。低层的返利要让所有中间商均能得到，高层的返利要让中间商经过努力才能达到。要明确返利的标准。设计者一定要分清返利商品的品种、数量、等级的返利额度。必要的时候，设计者可以参考竞争对手的返利政策制定。

②返利的大小要适中。快速消费品的返利应控制在价款的10%以内，一味追求扩大返利来刺激和维持销售，可能会挤占价格利润空间，使整个价格体系混乱，导致降价、窜货频繁发生。

③兑现返利要多样化。阶梯式返利可能导致降价销售或异地销售。为了杜绝这个问题，企业先预测中间商能得到的最高返利，然后以这个兑现标准

为界限,在这个界限之下的返利以现金和产品形式支付;而在这个界限之上的,则换算成非现金、非本产品的其他实物奖励。

④执行标准要严格。好多返利设计得非常好,但执行起来却大相径庭,这是企业必须要杜绝的。

⑤由于返利多少是根据销售量多少而定的,因此中间商为多得返利,就要千方百计地多销售产品。这种做法有其正确的一面,毕竟提高销售量是企业销售工作的重要目的,尤其是在产品进入市场初期,这一方法的作用不可低估。

⑥返利可能成为中间商窜货乱价等短期行为的诱发剂。特别是当企业的产品占领市场后,企业销售工作的重点转向稳定市场,这时根据销量返利的缺点就表现得越来越明显。各中间商在限定的区域内,无法在限定的时间完成一定的目标时,他们就会进行跨区窜货。中间商会提前透支返利,不惜以低价将产品销售出去,平进平出甚至低于进价出货。结果,导致价格体系混乱甚至崩盘。

设计者在制定返利政策时,应采取"定点+定量+定价+定利"的四定政策。所谓"定点",是指给中间商制定经销地区;所谓"定量",是指给中间商确定销量;所谓"定价",是指中间商必须按照企业确定的价格进行销售;所谓"定利",是指在成功实现上述目标后,由企业按照预先确定的期限定期给予中间商一定的返利。这种方法既可以确保中间商的利益,又可以避免企业的利益不受损失。

7. 提高利润，让经销商有"利"可图

在经销商刚开始代理企业的产品之初，其积极性一般来说是比较高的。随着时间的推移以及经销商既得利益的提高，并且由于经营规模的扩大和经营产品的品种众多，经销商会把主要精力用在市场走势较快的产品的进货以及利润丰厚的产品的出货上。如果你的企业产品走势不快或者获利不丰的话，经销商会以各种理由来搪塞制造商拓展市场的要求，而只维持一些老客户的销量。

更为严重的是如果你的产品不属畅销品之列，即使你让某家经销商独家经营，若其仓库中没货了，该经销商或许也不会想到主动来进货，即使进货也往往无规律可言。这时如果制造商业务人员没有向经销商施加压力的话，其新进货的数量也将十分有限，甚至某个月会断货，这也许是一次非人为的"疏忽"而已，但也可能是经销商故意的。商品出库后市场上的相应跟进（促销）工作，对经销商来说是很少会投入精力并承担责任的，其只是扮演着"送货商"的角色。大多数情况下经销商难以把其代理的商品当作"自己的"产品，许多经销商更注重眼前的温饱追求，而没有把眼光略微放得远一些。如果制造企业麻木了，对上述现象会觉得很正常，但是，其实如果经销商能够更尽心一些，制造商就能有更多的精力去对付品牌的竞争，而不是忙于这些琐碎事务中。

反过来看，由于经销代理商是一名商人，出现上述比较势利的现象，主要就是利益在作怪，这也比较正常。但是如果制造商又比较片面强调市场销货率，却轻视经销后发货的货款回笼，那这两者之间的差异，就很难保证彼此一条心。况且在商品流通领域，经销商之间的同行竞争也是相当激烈的，正是商品批发利润的不断下降这种现实，才使得经销商不会专心于某一品牌，不会投入很多精力于某一品牌，而期望于广种多收。

然而，从某种角度上看，恰恰又是制造企业助长了经销商那种期盼"东边不亮西边亮"的心态。这类情况经常存在于酒类经销商身上。某经销商已经经营了近十种啤酒品牌，可是后来的啤酒厂家还是要找这一家代理新品牌，理由很简单，大家都看中其渠道优势。但是这家经销商面对近十种相互竞争的品牌，怎么平衡扩大它们的市场？倒是厂家的退让使得这类经销商越来越得意，可最后的得益者既不是制造商，也不是经销商。此外如果制造商没有控制好本产品的市场价格体系，出现跨区域冲货现象，使得商品在市场上的批零差价减小，那就会导致经销商的积极性受挫。另外，由于种种原因，致使企业的产品在市场上的销售业绩不佳，都会使经销商对该产品缺乏信心。

经销商的积极性问题大部分可归纳到"利润"上，因此，解决问题的关键也应在增加利润上。

（1）合理分布经销商数量

制造商应充分做好其产品代理经销商数量的合理布局工作。同一档次、同一区域的经销商不宜开发得太多，往往经销代理商的积极性与其数量成反比。

（2）疏通渠道拉开批零差价

制造商应花大力气理顺其产品的流通渠道，拉开批零差价，保证经销商的利润。只有在利润的诱惑力杠杆作用下，经销商才会对你的产品更感兴趣，制造商对批发商的管理才能进入良性循环。虽然制造商把货售给经销商后，一次买卖完成了，但如果制造商能把重点进一步放到经销商的客户营销上，不是再把货直接销售给零售商，而是帮助经销商管理好零售商、稳定零售商、掌控零售商，那么经销商将会更加卖力地为制造商推销。

（3）要与经销商"融合"成一体

制造商的业务人员应该融合于经销商中，驻扎于经销商中，并以经销商一员的身份与他们一起跑市场，一起谈客户，一起收款，一起参与产品推广活动。这样做既可以准确有效地将制造商的各种营销策略贯彻于市场，又可以利用制造商的实力帮助经销商有效管理零售网络，以提高经销商的市场竞争力。如果条件许可的话，将制造商的销售推广队伍与经销商的直销队伍合二为一，从而建立品牌销售联合体。在没法使经销商做到单一品牌专卖的情况下，"销售联合体"这种形式不失为一种既降低制造商的直销成本，又避免单纯的代理命运完全被经销商掌控的过渡办法。可以看出在掌控零售商方面，制造商和经销商组成销售联合体，是提高产品市场竞争力的有效手段。

中间商虽是商人，但也是普通人，只要真正设身处地地为其着想，中间商就会跟着制造商一起走，制造商就能充分调动起中间商的积极性。

（4）由"让中间商赚钱"向"为中间商赚钱"转变

优秀的制造商很多，而良好的经销商却不多，每家企业都在争夺好的经销商，于是就容易误导经销商的自身建设。因此，高明的制造商不会停留于"让中间商赚钱"，而是立足于"为中间商赚钱"。制造商的人员应成为中间商的商务顾问，与本产品有关的也好，同本产品无关的也罢，应予关心和指导，立足于"为中间商赚钱"，自然能使中间商跟着制造商一起走。

第六章
渠道回款
——确保企业血脉畅通

有人把回款比喻成人的"血液",人离开了血液就无法生存,企业也一样。有了回款这份血液,企业的"五官四肢"才能活络起来,才有继续发展的可能;有了回款这份血液,企业才能持续生存下去。总之,回款决定着企业的生死存亡。

第六章 渠道回款——确保企业血脉畅通

1. 回款是维系企业生命的血液

随着企业的不断发展，很多企业往往把销售看得很重要，而忽略了回款这一环节，这也是现代企业的一个共同特点，这一特点说明各企业还没有把回款当成首要任务。"一切向业绩看齐，全力向业绩前进"的理念只体现在销售上，只要把东西销售出去了就是好的。如果只是一厢情愿地去追求业绩，而将企业未来发展的动力——利润置于脑后，不去考虑企业的回款问题，忽略回款对企业的作用，就会导致销售管理成为纸上谈兵。同时也会使销售人员不考虑经销商的信用好坏，为了销售业绩，好坏通吃，对经销商缺少严格的信用调查和信用管理，这必然导致企业销售管理失控。经销商拖欠的账款越来越多，不仅会使企业流动资金紧张，甚至遭受巨大的风险和损失，长此下去，公司将面临过重的应付利息和呆账问题，导致营利目标无法实现，而影响到公司整体的运营和工作人员的劳动积极性。

有人把回款比喻成人的"血液"，人离开了血液就无法生存，企业也一样，回款是维系着企业生命，关乎企业生存和发展的血液。没有了回款，企业赖以发展的现金流动就会因为后续无援而干涸，到最后必将引起资金链的断裂。资金链一旦中断，企业生产就会受到阻碍，整体就无法正常运行下

销售渠道把控经

去。到最后，企业只能宣告破产，结束生命。企业失去了生命，销售人员自然也就失去了依托，失去了生存的空间。

所以，作为企业的领导者，必须重树"利益导向"的观念，不要只是为了完成业绩而把商品大量铺货到市场，避免发生销售额愈高呆账愈多的现象，那样对自己的企业百害而无一利。同时也不要为了争取订单，轻易放宽付款条件，因为这种做法无异于饮鸩止渴，徒增呆账风险。所以，企业领导者一定要坚持并落实"适量生产、适量销售、快速收账"的政策，推崇"利润业绩高于业绩"的理念，只有这样，企业才能正常运营、健康发展，企业的风险也会减少到最低。

作为销售人员，如果我们在工作中只把销售放在第一位，而忽略了回款，不注重培养和锻炼自己的回款技巧和能力，不注重提高自己的回款管理水平，那么，就会极大地影响我们的工作热情，甚至阻碍我们在销售行业的发展。所以，回款，无论是对公司还是对自己，都是不可轻视的事情，企业和个人都不可等闲视之。

看看天津丰源食品有限公司是怎么做的。他们凭着先进的生产工艺和员工们的共同努力，使公司很快成长为食品行业的领头羊，冯明有幸成为这个团队中的一员，他主要负责产品的超市销售。

初到公司的时候，为了提高自己的销售业绩，冯明致力于产品铺货，对回款这一重要问题却忽视了，致使回款难以到位，他的业绩增长步伐也没有他想象的那么快。痛定思痛，为了预防此类问题再次发生，冯明采用了事前预防制度，大大降低了回款问题的产生。在他的带动下，其他销售人员也加强了对回款的控制。在这之后，天津丰源食品有限公司的面貌焕然一新，有了充足的现金流，企业发展脚步也加快了。

转眼间，新产品问世，为使新产品在市场上占领一席之地，冯明向公司申请了20多万元进行促销。一时间，各大超市中，DM广告（快讯商品广告）占据了最显眼的位置，每个展销台附近更是"堆头"林立，还有专人进行产品促销。此外，公司还进行了大规模的广告推广活动，长沙市主干道上，一个个印有天津丰源食品有限公司新产品的广告牌随风飘扬。随着全方位推广工程的启动，产品上市不到一个月，冯明完成的销售量便已突破了80万元。

这时刻，冯明明白，还不能放松自己，还没有到可以休息的时候，因为最重要的一环——回款还没完成。每个月末，他又开始了加紧催款的工作。并取得了回款回收率高达98.6%的成绩。其他销售人员也是捷报频传，天津丰源食品有限公司获得大捷。新产品不仅创出了品牌，还创造巨额利润，全年纯利达550万元之多。

不一样的工作方法就会有不同的结果。

就在冯明的工作如火如荼地进行时，和他同在一个城市的销售人员孙力，业绩却日渐萎靡。孙力是长发食品有限公司的销售人员，和冯明一样，也是负责超市的销售工作。而且，天津丰源食品有限公司新产

销售渠道把控经

品上市的同时，长发食品有限公司经过两年开发的新品也问世了。按理说，孙力也应取得不错的销售业绩才对，事实上，孙力三个月的业绩还抵不过冯明一个月的。

长发食品有限公司的新产品在质量上，一点也不比天津丰源食品有限公司的差；论能力，冯明和孙力二人也是互为伯仲、不相上下。可为何一个赚了个盆满钵满，一个却差点血本无归呢？

究其二者成绩相差如此悬殊的原因，主要是两个企业的资金状况的差别引起的。那么，企业的资金又从何而来呢？答案肯定的是从销售回款中来。长发食品有限公司上至公司，下至销售人员，都过于关注销售额的增长，没有把回款当作重大问题来对待，致使回款回收情况非常糟糕，回款率不足50%。如此一来，他们的"销售数据很好看，手中却没有充足的现金可用"。当新产品上市，需要推广促销时，企业却提供不出经费，以至于错过了销售良机。再加上冯明所在的天津丰源食品有限公司新产品的挤压，二者的差距越来越大，也就在情理之中了。（摘自《营销有道回款有术》）

有了回款，企业的资金链才能够转动起来，手中的钱也才能变成"活钱"。当遇到淡季促销、新产品推广时，才能占据主动，让销售正常运转起来，并带来更多的回款。否则，当企业面临重大问题，加之没有回款，资金上一定是捉襟见肘，就算有天大的本事也必将无从施展。那时困扰企业的，就不仅仅是回款的催收，或许还要加上如何为产品寻找出路的问

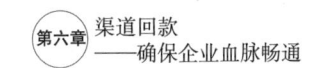

题了。

一个人如果缺少血液，那么他的生命就会受到威胁。医生在给病人做手术时，常会遇到这样的情形：在手术台上，正当医生对患者进行紧急抢救时，护士却跑过来报告一个可怕的消息："血量不够，患者无血可输！"在这紧要关头，该怎么办？当然是赶紧想办法找血源啊！无论对于哪一个人，血液都是至关重要的，谁也离不开它，有了它，人的生命才得以维系；有了它，人们才能有健康的机体，才有机会享受这美好的生活。对于企业来说，回款就如同人的血液一样，有了回款这份血液，企业的"五官四肢"才能活络起来，才有继续发展的可能；有了回款这份血液，企业才能持续生存下去。总之，回款决定着你与企业的生死存亡。

2. 提升自身素质，有效回款

每逢年末企业盘点的时候，企业一年经营的好坏总该有个结果，围绕销售工作的市场占有率、销售额、回款额、应受账款等各项指标开始进行考核，于是销售部开始发出一道一道指令，考核指标也层出不穷，然而最让销售人员头疼的指标是年终的回款额，毕竟一年的辛苦全指望年底，如果回款情况不好，年终奖金泡汤不说，弄不好一年下来功劳苦劳全都是零，因而针对年终的回款任务，各销售人员也是绞尽脑汁，使出浑身解数，由于方法各

销售渠道把控经

不相同，能力有差异，最终是几人欢笑几人愁。

对销售人员来说，要回款的过程就是在同客户进行较量与竞技，只有当你拥有了超强的综合素质，才能为最终拿到销售回款打好基础。

如果你想要提升对销售回款回收的控制力，就必须从各个方面提升自己的综合素质。一般来说，既要不断地提升自己的心理素质，还应该不断学习关于收款的各种知识以及掌握多种切实可行的收款技巧。唯有如此，回款之路才能变得通畅。即便是你遇到再难缠的客户，也能够从容应对，并最终实现销售回款的有效回收。

（1）建立正确的心态

销售人员欲收款成功，首先必须始终保持正确和积极的心态。业务人员应该记住：你的口气、你的意志、你的感觉、你的行为、你的努力，都是心态的反映。心态正确，收款才会积极。建立正确的心态还要树立起高度的自信。一般来讲，销售精英都具备高度的自我肯定——信心十足，他们对自己成为行业翘楚深具信心，非常重视"成果导向"，他们对工作、服务都非常投入，把收款工作当作是一件很快乐的事情去做，这种快乐、积极的态度是高度自我肯定的具体表现。

（2）拥有丰富的知识

作为一名销售精英来说，不仅要有非常好的心理素质，更要有丰富的知识储备。要知道，在当今的市场上，光凭伶牙俐齿和能说会道已经很难打动客户的心了，所以，你必须每天不断地学习新的知识，并不断地提升自己的业务技巧。

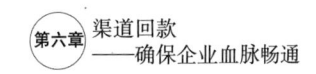

那么，销售人员应该提高哪些方面的知识和技能呢？

（1）积累丰富的经济知识

债务往来大多数都是经济往来，销售人员应当具备丰富的经济知识，如经济管理、市场销售、财政、税收、会计和金融知识等。

销售人员要时刻注意市场的变化，注意收集市场的各种信息，所以，经营管理、销售、市场采购等方面的知识对收款人很有帮助。只有多方面地了解市场行情，销售人员才能客观、准确地了解对方的情况，才能正确地维护债权人的利益。例如，当市场情况发生变化之后，债权人的需求可能随之变化。如果销售人员具备这方面的知识，他就会针对市场变化的情况和对方的具体情况，与欠款人商讨是否对原债务合同进行修改、补充或者干脆重新签订债务合同，以保障能够成功地收回欠款。

具有丰富经济知识的销售人员，会根据他的收款目的，全面利用他所掌握的相关知识。当欠款人存心赖债或故意拖欠时，销售人员通过了解欠款人的具体经济状况，同其所在地银行进行协商，请求银行直接划账，从而解决双方债权债务。同样，销售人员也可以和欠款人所在地的财政、税务部门磋商，以取得他们的支持，确保欠款的及时收回。

（2）学习基本的法律知识

收款是平等的个人或是公司法人之间的行为，其本身也是一种民事法律行为，所以，法律知识对收款十分重要，可以说没有法律知识根本无法正确地实施收款行为。法律知识是销售人员必备的基础知识，只有具备法律知识的人才能使其收款行为置于法律的保护下，有理有据、合法有效。缺乏法律知识的销售人员，其很多行为都是盲目的，这就使得一部分运气好的人能成功回款，大部分人则空手而归，而有些人不仅没有收回欠款，反而使自己身陷囹圄。

另外，还要学习销售理论、渠道管理、促销等方面的知识，掌握与客户有关的综合知识。只有从这几方面提高自己的知识储备和工作技能，我们才能做到在催款过程中得心应手，应付自如。

（3）广结人缘

所谓广结人缘，就是在销售和收款过程之中有计划地和有关人员建立长相往来的亲密关系，并使对方对你产生好感的一种人际行动，最终目的当然是增进收款绩效和再创新业绩。据有关调查显示：销售人员收款绩效的优劣，与他对人际关系的重视以及受欢迎的程度成正比。

在回款过程中，销售人员必须做到广结人缘，跟周围的所有相关人员建立良好的关系，这样更有利于货款的回收。如何才能与周围的所有相关人员建立良好的关系呢？应该注意以下两点：

①经常问候承办人。这个过程很简单，每次去拜访顾客的同时也要问候承办人。当确定了对付款有影响力的人员之后，要尽力满足对方的需要和期望，尽量减少其抱怨的问题，并且经常了解其对本公司服务态度的反应、产品使用的意见以及期待本公司应改进的地方。

②礼数周到。销售人员面对客户时，应以礼相待，收款自然就会变得比较容易。

（4）锻炼灵敏的感知能力

销售人员需要培养自己灵敏的感知能力。只有感知灵敏，才能获得丰富的信息，发现新的机会，从而使收款得以顺利实施。每个人都是在实践中丰富自己感知能力的，销售人员也不例外。如何培养自己灵敏的感知能力？销售人员怎样才能具有较强的职业感知能力？这就要求其在实践中从以下方面着手。

首先，注意观察，销售人员必须养成勤于观察、善于观察的习惯，尤其是要观察与欠款人有关的一切人和事。其次，不断实践，销售人员应当不断实践，以丰富自己的经验。再次，总结经验，销售人员在总结经验的基础上不仅要给自己创造更多的实践机会，同时还应当给自己创造更多参加社会经济生活的机会，以使自己对债务的产生、变更等有更加直接的感知。

（5）形成较强的语言文字能力

如果销售人员具有较强的语言文字能力，那么，他在和欠款人的交涉过程中就能够准确、全面地理解其话语的意思及真实意图，迅速地采取相应措施，使收款行动获得成功。

销售人员的语言文字能力是与他的思辨能力紧密相连的。缜密的思维必须建立在较强的语言文字能力的基础之上。语言是人们进行思维交流的工具，语言文字能力较强的人能准确地理解词的含义、概念的内涵与外延以及它们之间的内在联系和逻辑关系。

（6）学会稳定的情绪控制

产生情绪的原因是客观现实和人的需要之间发生矛盾。人的情绪极其复杂，各种情绪都会引发积极或消极的效果。销售人员应当学会用正确的方法控制自己的情绪，以免产生消极的效果。收款是一个复杂的过程，在多变的环境中，各种各样的客观事实随时都有可能诱发销售人员产生过激的或消极的情绪，从而阻碍收款的顺利进行，因此，销售人员应当时刻保持稳定的情绪，要学会调节，使自己处于平静、沉着的心境之中，以便在整个收款过程中能够稳扎稳打、步步为营地同欠款人进行交涉，最终达到使其清偿债务的目的。

总之，要实现顺利回款，并与客户们保持高品质的合作关系，销售人员就要从努力提高自身的水平做起，唯有如此，才能够在催款的过程中始终占据主动，赢得客户的尊重与合作。

3. 加强对应收账款的日常管理

业务员李常青从事销售工作已经快五年了，虽说他的销售业绩并不是最好的，却也是排在销售部前几名的。可在李常青看来，他的销售工作只是从去年才真正算是步入正轨。

一年前，是李常青在公司的第四个年头，尽管他十分努力，销售业绩还是很不理想。最让他头疼的，还是每个月的回款。因为每一次向经销商催款，总是碰得一鼻子灰回来，偶尔运气好的话，能够收到点回款，但绝大多数情况是"两手空空去，空空两手回"。

结果，公司每一次考核，李常青总是排在最后。有一段时间，他感到心灰意冷，真想辞职，从此不再做销售了。销售经理陈刚却认为李常青还是有发展潜力的，于是极力挽留，李常青这才决定留下来。

既然决定留下就要有个新的开始，于是李常青虚心向陈刚请教回款问题。陈刚二话没说，满口答应。接下来的一段时间，陈刚和李常青一同分析回款问题产生的原因。最后，他要求李常青先从回款的日常管理着手，先理顺了回款的源头，再学习回款催收的技巧。

于是，为了做好回款的日常管理，李常青首先开始建立经销商的档案，做好基础的记录工作。接下来，将公司的经销商根据信用度的不同进行分类记录，挑选出信用度高的经销商，进行重点管理，然后，按照经销商的信用等级，对那些信用差的经销商进行重点突击催收，对于顽固的经销商，通过法律或其他方式解决回款问题……

经过这样一些措施之后，李常青所辖区域的回款情况大有好转。半年前，他的有效回款率已经超过了85%。不但解决了长期困扰他的销售业绩问题，也在一定程度上缓解了公司资金的紧张。

从上面的案例中可以看到，要解决回款问题，必须要从回款的日常管理着手进行。对于每一个销售人员来说，要保证销售回款的顺利回收，做好回款的日常管理是必须要完成的工作。如果你在平时就没有进行有条不紊的管理，遇到了问题也不及时去解决，只是想着到日子去催收，到头来拿不到钱也就不可避免了。

所以说，要保证将来能够轻轻松松地回款，在回款之前，你必须做好日常的管理工作。只有把日常管理工作真正地形成一种制度，并在工作中认真执行，销售回款也才能变得容易。

那么，作为销售人员来讲，做好回款的日常管理工作，要从哪些方面进行呢？

（1）应收账款赊销期间的确定

应确定赊销时间的长短，因为赊销需要占有企业的资金，而且还要考虑资金的时间价值，现在收到款，和3个月后收到相同金额的款，价值是不同的。采取赊销策略，最终是为了提高经济效益。应收账款相当于企业的一项资金投放，是为了扩大销售和提高经济效益而进行的投资。而投资肯定要产生成本，这就需要在赊销所增加的盈利和发生的成本之间做出权衡。只有当赊销所增加的盈利超过所增加的成本时，才能实施赊销策略。如果对比表明，有良好的盈利前景，就可扩大赊销。

赊销期间，就是允许经销商从购买货物到付款的时间，也称信用期间。例如，企业允许经销商购买货物后50天以内付款，50天就称为信用期间。信用期间的长短，是应收账款管理控制的一项关键因素。如果信用期间较短，不足以引起经销商的购买欲望，形不成有力的竞争；如果信用期间过长，就加大了成本和货款收不回来的风险。信用期间的确定，实际上就是对改变信用期所增加的收益和所增加费用之间的分析比较。

（2）实施对应收账款的追踪分析

应收账款一旦形成，企业就必须考虑如何按期足额收回的问题。这样，赊销企业就有必要在收款之前，对该项应收账款的运行状态进行追踪分析，重点要放在赊销商品的变现方面。企业要对赊购者的信用质量、偿付能力进行深入调查，分析经销商现金的持有量与调剂程度能否满足兑现的需要。应把那些挂账金额大、信用质量差的经销商的欠款作为分析的重点，以防患于未然。

（3）建立经销商档案，做好基础记录

在完成经销商的资信评估工作之后，销售人员应及时地将经销商按照不同的级别划分开来，建立经销商档案。根据这些经销商档案，包括了解经销商付款的及时程度、与经销商建立信用关系的条件、付款时间以及经销商信用等级的变化等，以便采取不同的信用政策。

（4）认真对待应收账款的账龄

一般而言，经销商拖欠账款时间越长，催收的难度就越大，发生呆账损失的可能性也就越高。企业必须要做好应收账款的账龄分析，密切注意应收账款的回收进度和出现的相应变化。

实施应收账款的账龄管理，务必要严格监督经销商的账款支付进度，并通过账龄分析的结果，指导业务部门和财务部门的工作，以加速营运资金的周转。

实施对应收账款的跟踪管理，重视货款到期日之前的监控工作，可以减少发生账款逾期不付的可能性。

总的来说，企业财务管理人员在对应收账款账龄的结构分析中，要把过期债权款项纳入工作重点，研究调整新的信用政策，努力提高应收账款的收现效率。同时，对尚未到期的应收账款，也不能放松监管，以防发生新的拖欠。

（5）加强应收账款的对账工作

应收账款的对账工作包括两方面，一是总账与明细账的核对，二是明细账与有关经销商单位往来账的核对。在实际工作中，往往会出现本单位明细账余额与经销商单位往来余额对不上的现象，这主要是对账工作脱节所致。销售人员应定期与经销商对账，并将对账情况及时反馈给财务部门。营销人员可以按其管理的单位设置统计台账，对产品发出、发票开具及货款的回笼进行及时登记，并可以采用银行对账单的形式与经销商对账，并由对方确认，为及时清收应收账款打好基础。企业经营者，应将货款回笼与应收账款对账工作同销售者的业绩结合起来考察，使他们意识到不但要使产品销售出去，更要使货款能及时回收或使往来账目清楚，最大限度减少坏账损失。

（6）对应收账款的监督和控制

应收账款发生后，企业应当采取各种经济合理的措施回收，拖欠的时间越长，回收的可能性越小，发生坏账的可能性就越大。对应收账款回收情况监督和控制，主要包括监督回收情况、制定应收账款回收政策。

（7）应收账款回收情况的监督

应收账款发生的时间有长有短，有的刚刚发生，有的超过信用期限很长时间。特别是有些单位应收款账户多、时间长，因此，必须对应收账款进行细致的核算和严密的监督。定期编制应收账款账龄分析表，这是一种比较有效的方法。应收款账龄分析表比较直观，通过这个表格，可以看出有多少账处在信用期内，有多少账超过信用期，超过信用期多长时间。

（8）建立坏账准备制度

由于商业信用风险的存在，坏账损失的发生不可能完全避免，即便是销售人员的信用政策再严格也是如此。因此，为了减少坏账损失，可以通过坏账损失率来考察回款被拒付的可能性的大小。

当实际坏账损失率大于预计坏账损失率时，可能是由于销售人员的信用标准过于严格造成的，应及时进行修正，反之亦然。

如果我们能够做好上述的日常管理工作，将大大降低回款发生拖欠的概率。只要销售人员能够建立完善的日常管理制度，并认真、有效地贯彻执行，不仅可以大大减少回款问题出现的可能性，而且还有利于提高销售人员催款的成功率。

4. 做好内部控制，为回款打好基础

有些企业的应收款简直是一本糊涂账。自己到底有多少应收款，哪些是今年的，哪些是去年的，哪些有可能追回，哪些是死账呆账，不仅企业负责人说不清楚，财务经理也说不清楚，或者说是不愿说清楚，不敢说清楚，甚至到了无法面对的程度。

一些财务不健全的老板说起放账更是一脸的无奈，一肚子苦水，一抽屉欠条，放账的业务员一走了之，不知踪迹，派小侄外甥要账，要回的三核桃两枣也肉包子打狗一去不回。更多的账还是因为自己贪大喜功、盲目冒进，迫于情面放出去的，又能怪谁？

销售人员李庆所在的公司，是一家油漆生产企业。经过几年的发展，企业不断发展壮大，年销售额也达到了200多万。在工作过程中，老李积攒了很多经销商，凭着自己善于交际的本事，他的工作做得还算得心应手。不过，他最大的致命伤在于善于铺货不精于回款。虽然产品销量不错，但就是回款不及时，经销商已经压了好几笔销售回款了！

在他手中有两个比较大的经销商，这两家销售的产品差不多占了销售总额的40%。可是每次回款的时候，他们总是找各种借口拖着不还。有一次，其中一家答应当月给李庆回一笔8万的销售回款，可是，当他拿着发票去取款的时候，对方却告诉他："那笔款这个月不能回了，公司的资金出现了问题，等到下个月再说吧。"

任凭李庆百般努力，这笔8万元的回款还是足足被拖欠了五个多月才收回来。而此时这家经销商又压了更大的一笔回款在手中……

从上面的例子中，我们看到，销售人员李庆平时只把心思放在铺货上，而对回款却是不管不顾，或者说是并没有进行严格的管理和控制，真的到了清收欠款的时候，又如何能够取得令人满意的结果呢？

所以，要想让回款变得简单起来，应从一开始就做好回款的内部控制。那么，要如何进行回款的内部控制，才能为以后的回款工作打好基础，减少麻烦呢？其实，对回款的内部控制，也就是从回款前、回款过程中和回款之后三个方面对销售回款进行控制和管理。具体的实行方法如下：

第一　回款的事前控制

现在，许多供货商解决拖欠款问题更多的是采取事后控制的办法，即只有在应收账款拖欠了相当长的一段时间后才开始催收，结果出现"前清后欠"的现象，使供货商顾此失彼，包袱越背越重，流动资金愈来愈紧，甚至面临倒闭的危险。

据统计，实施事前管理（交货前）可以防止70%拖欠风险；实施事中管理（交货后到合同货款到期前）可以避免35%的拖欠；实施事后管理（拖欠发生后）可以挽回41%的拖欠损失；实施全面控制可以减少80%的呆账和坏账。

从以上统计资料可以看出，大部分风险是在交货前控制不当造成的。这个阶段的风险控制管理工作，应该说相对简单，成本低得多，效果也最好。而形成拖欠以后的追讨工作，则要复杂很多，成本也高得惊人。所以我们应该把控制赊销拖欠风险的工作重点，放在事前管理上。

（1）事前对经销商进行信用调查

为了尽量降低货款风险，营销员有必要在赊销前对经销商进行资信调查和信用等级评估。对经销商实施资信评估，一方面可淘汰那些信用不佳的经销商，另一方面，也便于为经销商设定一个"信用限度"，从而确保货款的安全回收。

赊销前认真进行经销商资信调查和信用等级评估是十分必要的，但多数供货商往往忽略了这个环节。

由于经销商信息的收集、整理和分析，没有销售任务那么迫切，供货商对于潜在经销商往往事先没有做全面的了解。一旦开始了业务往来，就来不及做深入了解，而只能根据部分资料匆匆做出交易决策，这也为以后埋下了货款风险的隐患。接下来，既然已成交易，供货商就更不会特地去搜集经销商的信息，不再对经销商资料进行补充和动态追踪，错过了采取补救措施的机会，一旦成了呆账坏账，又追悔莫及。很多供货商就是这样陷入了恶性循环的怪圈。

只有对经销商财务状况、市场网络、销售能力、组织管理等各个方面充分了解，据此建立科学有效的经销商标准模式和预警机制评估，才能加速经销商应收账款的回笼，有效降低坏账率。

在实施信用政策前一定要进行严格的信用调查和资信评估，辨别出哪些是资信好的经销商，哪些是资信差的经销商。分析评估经销商的资信状况后，有的放矢地给予经销商信用账款、账期，才能确保供货商应收账款发放的安全性。千万不能为急于赊销而不对经销商做信用评估，或赊销时抱着一种侥幸心理，轻率地把产品交给其赊销，到后来收款时又怕得罪经销商，造成呆账、坏账越积越多。这样一来，供货商忽视对经销商信用调查和资信评估，最终遭受损失的是供货商自身。

对经销商做信用评估是十分必要的，因为这样可有效地将可能发生的大量呆坏账制止于萌芽状态，起到很好的预防和警示作用。对经销商信用评估，由于交易性质不同、金额大小有异，调查在内容上、程度上也各有不同。评估的内容主要包括：经销商的经营状况、经销商的财务状况、负责人的个人资料、划分经销商的信用等级及制定相应政策。

（2）制定鼓励经销商积极回款的政策

供货商要制定刺激经销商积极回款的政策，一般的做法是确定一个结算日。供货商要制订相应的销售奖励政策，鼓励经销商采取购销、现款现货等合作方式，尽量减少赊销的方式。对货款回流及时、销售量良好的经销商给予奖励或给予优惠的销售政策，可以在返利上做出一定让步，或是在售后服务等方面提供特别优惠，刺激经销商付款的积极性，加快货款的回笼。

（3）注意赊销技巧，减小货款风险

在市场竞争十分激烈的情况下，赊销是很难避免的，为了减小货款风险，必须遵守以下几条原则：

①供货商必须根据自身的信用政策选择赊销对象、赊销额度、赊销期限，不符合条件的经销商决不能赊销。

②要有一个严密的赊销审批权限的制度，形成规范化的管理，避免赊销中的个人意志，导致随便放宽赊销政策。

如有的企业规定营销员只有一定权限的赊销额，超过这个限度须由上级或公司的应收账款管理部门来决定，而上级也有一个总的赊销额度，以避免盲目赊销。

③对于新经销商，赊销额度要小，赊销期限要短。

④小批量分期结账。实行小批量、多品种、优惠促销、现结账的形式，要比大批量、少品种、高利润、月结账的赊销更稳妥，尤其对小型经销商，此法更为适用。

第二　回款的事中控制

（1）建立动态的资信评审和账款跟踪管理体系

要确保供货商应收账款有效收回，就必须建立动态的经销商资信评审机制和账款跟踪管理体系，这样不仅能保障供货商及时了解每个经销商的资信动态，辨别出高价值、高资信的经销商，还能确保供货商信用政策的实施更加合理有效，确保供货商坏账损失率降至最低，使供货商的业务顺利快速地开展。

对经销商的信用管理要采取动态的管理办法，即每隔一定时间根据前期合作情况，对经销商的信用情况做重新评定。动态管理不仅仅在选择新经销商时才执行，对以往发放信用政策的老经销商也要时时关注，因为经销商的信用是不断变化的。

如果不对经销商的信用状况进行动态评价，并根据评价结果及时调整销售政策，就可能由于没有对信用上升的经销商采取宽松的政策而导致经销商不满，也可能由于没有发现经销商信用下降而导致货款回收困难。

经销商资信评审是个动态、长期的过程，账款追踪分析和账龄分析又是其中的重要环节，应做到月评、季检和年审，做好账款风险管理的预警工作，挖掘出资信好、高价值的经销商，给予优惠的信用政策；剔除资信差、低价值的经销商，给予更严格的账款管理。唯有动态的经销商资信评审和账款跟踪，才能保障供货商货款风险降至最低。

（2）建立定期对账制度

要制订一套规范的、定期的对账制度，避免双方财务上的差距像滚雪球一样越滚越大，而造成呆账和坏账现象，同时对账之后要形成具有法律效应的文书，而不是口头承诺。

建立定期对账制度，供货商要对经销商每月发出对账函，由业务人员到对方财务部门取得签章认可，以确保货款数额无差错。

（3）定期召开应收账款会议

供货商要定期召开应收账款会议，要打印"业务往来余额表""账龄分析表"，分析发生应收账款的每一个经销商、每笔货款的具体情况，制定不同的处理方案，并上报财务、销售部门相关领导，制定有效方案，加大回款力度。

（4）密切关注经销商的变化，时刻留意危险信号

对赊销铺货需要经常性管理与服务，不能"铺而不管"。货一旦赊出去，就必须密切关注经销商的运作情况，对一些不良征兆要保持高度警惕，切勿赊销期满才过问，否则，很可能"竹篮打水一场空"。

经销商经营状况不好，往往会出现一些危险信号。营销员在日常拜访中，要把检查经销商的经营状况作为自己的重要工作。逾期回款风险发生前必然会出现一些征兆，所以应密切观察，努力去发现这些危险信号，这对货款安全有警示作用，然后依此迅速采取行动，可以有效减小经营风险。

（5）有效催收货款

在销售产品的过程中，营销员不可避免地要碰到催收终端货款的问题。而终端货款的回笼，直接关系到供货商利润的实现。然而，很多供货商因为货款催收不力，导致应收货款增多，产生大量呆账、坏账，资金周转困难。

（6）协助经销商销售产品

营销员尤其应关注自己产品的销售状况，因为销售状况在相当程度上决定了收款是否顺利。如在本次收款周期内，产品的销量、回款额、库存分别是多少，是否达到合同规定的收款条件。可以说，产品的实际销量才是收款时最具说服力的依据，比如有的商场规定未达一定的营业额不得结款。

有时经销商并不是存心想赖账，这时营销员可以想一些变通的方法，比如在找经销商收款前，了解经销商的经营情况，帮助经销商分析市场，出台相应的助销政策，策划促销方案等，往往可以收到很好的效果。

供货商还要加强与经销商的感情联络。比如，关心一下经销商的经营状况并给予必要的指导、按期对经销商进行必要的培训。供货商必须让经销商意识到经销产品可以实现"双赢"，这样他们才愿意在回款时给予支持和配合。

第三　回款的事后控制

在回款催收之后，营销员还应该对那些逾期的回款根据拖欠的不同情况制定相应的清欠方案，并对整个内部控制系统进行审查，进行适当的调整和改善。

（1）对于逾期回款的控制

销售回款未按规定的期限收回，形成逾期回款，企业的信用部门、会计部门和销售部门要合力进行审核，以确定其是否为坏账。

对于未形成坏账的逾期回款，会计部门应及时发出催款函，并由营销员及时通过电话或是上门催款，信用部门应对造成逾期回款的企业进行信用评估，适当减少经销商的信用额度、期限和现金折扣政策等，并做好监督工作。

而对于已形成坏账的逾期回款，企业应对造成坏账的原因进行调查，明确相关的责任人、责任部门，并做出相应的处罚，进行备案。同时，信用部门要取消形成坏账的经销商信用额度，断绝相互之间的交易。

（2）对内部控制系统的审查

每隔一段时期，企业应对自身的内部控制系统进行审查和评估，对薄弱的环节进行补充和完善，保证在以后的工作中能够更有效地执行内部控制的职能。

企业的销售回款内部控制系统，可以在一定程度上解决销售回款难收的问题。为了保证这种内部控制更加有效地实行，企业一定要处理好信用管理部门、会计部门和销售部门三者的关系，使他们能够通力合作、共同努力。需要特别注意的是，企业还应在人员培养、成本控制等多方面实施措施，以保证销售回款内部控制的顺利实施。

回款的内部控制是一件技术含量很高的工作，它涉及回款的前、中、后三个阶段，只有营销员做好其中每一个阶段的工作，才可能从最大程度上减少回款问题的产生。因此，营销员应该重视回款的内部控制管理，把它放在销售过程重中之重的地位来对待。

5. 打电话催款要这样说才管用

电话催款是一门学问，因为它不受制于人，只有声音传达，有时你叫破喉咙，人家只当作耳旁风；有时你一句贴心的话，人家就能把款打过来。但不管如何，如果在电话催款时不敢开口，一切都是空话。

国内很多企业面对的是全国各地的代理商，他们不可能全国各地跑着去收款，这样既浪费时间，又浪费金钱，因此他们收款最主要的途径之一就是电话。电话催收成了收款工作的重要方法之一。

通过电话向经销商催讨应账款，由于不能见面，难以向经销商施加压力，哪怕你在电话里跟对方吵架，但不给钱就是不给，弄不好对方轻易就把电话挂了，甚至对方通过来电显示根本就不接电话，这样一来，你的款项就成了呆账。所以，电话催收虽然是常用的方法，但并不容易。

成功者找方法，失败者找借口。催收有方，钱就很好收，反之亦然。收账成败的关键，同样在于你的想法、态度、技巧和意志。其中态度最为重要，如果你愿意花点心思，学会其中的窍门，上亿的账款都可以很轻松地收回来。

某商贸公司欠某服装厂货款25万元，经验老到的服装厂销售主管陈

第六章 渠道回款——确保企业血脉畅通

胜利先生和商贸公司经理王一敏通了一个电话,就成功地收回了拖欠的货款。这个电话完全可以成为众多企业成功收款的电话样本。

陈胜利:"您好!我是陈胜利,请问王经理在吗?"

王一敏:"陈经理啊,您好,我就是王一敏!"

陈胜利:"王经理您最近很忙啊?"

王一敏:"也是瞎忙,陈经理您有什么事啊?"

陈胜利:"我打电话是要告诉您12月1日到期的、发票编号10101的货款,现在你们还有25万元的账款尚未付清。"

王一敏:"是吗?我没有印象了啊!"

陈胜利:"根据我们的记录,你们在11月1日用编号111的订货单,向我们订购了10批女式西装。每一批女式西装的单价是2.4万元,再加上每单位1千元的运费,所以总金额是25万元。这些货品的出货日期是11月1日,根据我们的送货记录,交货日期是11月5日,而且提单是您当场签的名。"

王一敏:"哦,我记起来了,可是我一直都没有收到发票。"

陈胜利:"我们的会计已经在11月1日把发票寄给你们了,并且11月15日寄出的一封私人信件中也再一次附上了该发票的复印件。我现在就可以发传真,您的电话可以收传真吗?我现在就把发票传真给您。"

王一敏:"我没有传真机。即使有,我们现在也拿不出25万元。"

陈胜利:"为什么呢?"

王一敏:"现在商贸公司经营不是那么景气,我们手上没有这么多额外的钱。职工的薪水、国家的税收、房租这些现在都要想办法呢。"

陈胜利："那我们这儿也要经营啊，你们现在能付多少款呢？"

王一敏："我们现在最多能开一张10万元的支票。"

陈胜利："现在有一种分期付款的办法。您觉得这样如何？您今天先支付给我们10万元，接下来的5个月，您每月固定汇给我们5.1万元的支票，以支付本金与利息，而我必须在每个月的5日以前收到这笔钱。这样一来，您既可以付清您的账款，我也不必将这笔款项交给律师事务所处理。"

王一敏："哦，我想这也是一个好办法啊！"

陈胜利："如果您觉得这个计划有问题，现在我们可以就相关的问题进一步地讨论。如果没有，今天我们就签份备忘录，使它成为收账记录的一部分。这个方法已经是最后的让步了。我想大家都不想为这点钱上法庭的，是吗？"

王一敏："是啊，我想我们可以办得到。"

陈胜利："太好了。我立即寄给您两份分期付款协议，一份您留下来存档，另一份请您签好名字寄还给我。好吗？"

王一敏："好的，再见。"

陈胜利："再见，祝生意兴隆。"

通过这个例子可以看出，对一名合格的销售人员来讲，正确地利用电话来实现自己的回款目的是必不可少的技巧。想想看，如果能够免去上门催款的麻烦，仅仅是一个电话就能解决回款问题，岂不是再好不过的事情？

所以，作为一名销售人员，一定要掌握高超的电话催款技巧。

那么，为了能够更有效地利用电话向经销商催款，我们应该注意哪些事项呢？

（1）确认金额

在打电话催收之前，首先要核对对方拖欠的明细和确切金额。

（2）选对时间

结婚、搬新家要看吉时，催收也要讲究吉时。绝佳的吉时是在对方刚开始上班的一段时间，因为这通常是债务人心情最好的时刻。中午午餐、午休时，不宜进行电话催收。当然，也不必囿于成规。在具体操作中，业务员需要通过熟悉对方的习惯，根据实际情况确定。

（3）选对日子

每周星期五是最好的电话催收吉日，因为这时候大家都在期待周末的到来，其次是周四、周二。最不宜催收的日子是周一、周三。

（4）要找对人

一定要找对人，如果债务人常常不在，不妨告诉接电话的人你的目的。对秘书要特别客气，否则会平添一只"拦路虎"。

（5）要说对话

为了避免使债务人产生戒备心理，绝对不要一开始就咄咄逼人，让对方觉得你认为他是没有付款能力的人，这样会伤害对方的自尊心，破坏双方的良好关系。你越是和蔼可亲，态度越人性化，欠款收回的可能性就越大。

（6）全心全意

在和债务人商谈时，一定要让债务人知道你全心全意在处理他的问题，不要同时和其他人通话。

（7）沟通良好

沟通能力是有效说服债务人结清欠款的神奇法宝，进行沟通时的小技巧如下：

①模仿对方说话的方式、速度和音量。

②冷静应对乱发脾气的经销商，好好安抚对方。好的情商加上专业的态度是成功的关键。

③对于少数乱骂人的经销商，冷静地告诉对方两个解决方式：一是跟我们的律师谈，二是跟我的老板谈。

④保持理性且友好的态度，这样得到的反应总比运用非理性且胁迫的态度要好上百倍。

（8）学会闭嘴

沉默是最高明的说话术，成功的催收高手只在必要的时刻才开口，对方说话时要懂得保持沉默。

西方有句谚语："不说话，别人以为你是哲学家。"你不说话，对方会觉得你高深莫测，肯定不敢低估你，清偿的意愿就会大幅提升。

记住，千万不要多说无益的话或与经销商产生不必要的争执，以免赢了面子，失了银子或者无意中透露了商业信息。

（9）维护关系

为了收回旧账，弄得恩断义绝，这是商场大忌，绝非明智之举。俗话说"和气生财"，又说"人情留一线，日后好相见"。如果对方是公司持续往来的经销商，催收时应该小心应对，务必情真意切地对债务人表达尊重、关心，不要为了收回旧账而伤了彼此多年的商场情谊，因小失大是很划不来的。善加维护与经销商水乳交融的关系，不但可以化解先前的种种不愉快，也为日后的收款工作铺下了一条康庄大道。

上面所讲的9个技巧，终归是浅层面上的功夫，真正决定催收成效的是什么？是耐心和意志力。

"永远记住一点，你自己要追求成功的决心，比其他任何事情都重要。"美国第16任总统林肯这样说。这句话的寓意是：不管曾经历过多少次的失败、困难或挫折，永远不要放弃自己所追求的目标，一定要多坚持几次，直到达到目标为止。

电话催收也应如此，催收是个数字游戏，逮到机会就应该打电话给对方。重心放在次数，而不是结果。这里业务员玩的是一个不在乎有没有收回旧账的游戏。随着电话次数的增加，你的成功概率会逐渐上升。所以，当你打电话时，不要过多地顾虑结果，只要多打几次就可以了。这一招叫作"疲劳轰炸"，效果肯定不错！

电话催收最重要的还在于耐心、不死心、不放弃，电话一定要打到对方结清旧账才能罢手。

电话催收没有什么真正的困难，只要你有"良好的心情、不错的沟通能力和最重要的坚持"，就没有收不回的账。

6. 谁说催款函不能收回欠款

2019年3月，K公司销售部重新划分了经销商区域，方玮的手中也增添了两家新经销商。本来，多了两家经销商可以完成更多的销售任务，应该是件好事，可是，因为其中一家D经销商拖欠回款是出了名的，此时的方玮除了头疼还是头疼！

5月底，方玮给经销商们打了一圈电话，向他们催收这个月的回款。大部分经销商的回款情况还算不错，只有D经销商借口说资金紧张，过一段时间再回。方玮很清楚，这是D经销商拖延付款的理由而已。后来又打了几次电话，对方开始的时候还只是敷衍，到最后连电话都不接了。

而当方玮上门收款的时候，对方也是躲起来不见人。在不得已的情况下，方玮尝试着向对方发催款函来试试运气。第一封催款函方玮写得非常礼貌，言辞也很诚恳。可发出三天后却一点消息都没有。后来，方玮又写了第二封，这一封在言辞上就有一些严厉了，并警告对方如果再不付款将承担违约责任。随后，在第二天下午，方玮又发了第三封催款函，在这封催款函中，方玮向对方限定在三天之内回款，否则，他就将此事委托律师，让律师帮自己进行追讨。而到时候所形成的一切后果，都将由D经销商承担。

没想到，第三封催款函发出不到一天，D经销商便打来电话，主动地和方玮商量起回款的问题。到最后，虽说D经销商所欠的回款并没有完全收回，可还是有大部分的回款打到了方玮的账上。

事后，方玮也在心中暗喜，看来催款函的作用还真是不能小觑啊！

虽说催款函并不是专业的法律文书，但是，由于催款函常常是供货方对经销商发放的正式商业文书，从某种程度上说，它还是具有一定的法律效力的。信函催收常作为电话催收的一种后续手段。公司打过几次电话催收后，如果经销商仍无反应，可以发出正式的催收信函。第一次的催收信函必须说明打电话的日期和经销商作出的付款承诺，以及经销商在某日期前不能付款时公司会采取的措施。

如果第一封信仍没有回应，第二封信应比第一封信更为急迫，使经销商感到延迟付款的严重性。如果仍无消息，公司的第三封信应发出最后通牒，口气可更为严厉一些。

第一封收款信函

尊敬的××先生：

我们与贵公司8月5日成交，发票号为第100号、总额为240000.00元人民币的货款已到期。我们附上这一款项的详细内容，希望贵公司能在2019年11月15日之前付款，或者通知我们不能及时付款的原因。

开户银行：

开户名称：

账号：

　　此致

　　　顺祝商祺

财务部助理（电话：10101010）

2019年11月5日

附：发票复印件

注意：信函语气要强烈，但应彬彬有礼，这一点很重要，任何讽刺或威胁的话都会损害收款人的形象，而且，很可能对收款无益。

第一封信语气要坚定，明确一个付款期限。但不要详细叙述你将要采取的措施，不要提及法律行动，也不要对他的账户表示怀疑。

第二封收款信函

尊敬的××先生：

我们于11月5日就贵公司逾期未还的240000.00元货款发过信函，要求结清8月5日第100号的发票货款。此款项已经延误了两个多月，至今我们没有得到任何答复。请速于11月25日前结清全部款项。

如果我们得不到回音，只得求助于专业机构来解决贷款的回收问题。

开户银行：

开户名称：

账号：

第六章 渠道回款
——确保企业血脉畅通

此致

　　商安

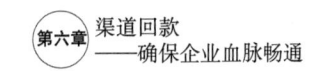

财务部经理（电话：10101010）

2019年11月15日

附：发票复印件

注意：要语气强硬、公事公办，需要保持职业化形象，避免看上去恼怒或绝望，礼貌而坚定的语气会增强效果；此信函要提及对方不付款你将要采取的措施；此信函署名人职位应高于前一封信。

第三封收款信函

尊敬的××先生：

　　我们遗憾地通知你，贵公司对我们关于8月5日第100号发票下货款的付款提醒信至今没有任何答复，在此再次附上这一货款的详细情况和清单。

　　我们已把贵公司的账户转交×××律师事务所，请其代为收款，一切额外费用将由贵公司承担。一旦上述货款在2019年12月8日前全额付清，我们将立即停止这一收款代理。

开户银行：

开户名称：

账号：

此致

　　顺祝商祺

财务总监（电话：10101010）

2019年12月1日

附：发票复印件

注意：签署人级别要高，并注明头衔；信的开头应提及经销商对付款的消极反应；措辞要严厉，但应表现得平静和老练。

诉讼前的最后一封警示信函

尊敬的××先生：

我们是×××律师事务所，我们的被代理人××公司于2019年11月5日起，连续发出三封催款信要求贵公司就2019年8月5日第100号发票下240000.00元人民币货款给予偿还，可是贵公司一直没有任何答复。我们只能遗憾地通知你：

请于12月15日前付清该款项，或是与×××联系，将付款事宜安排妥当；否则，我们将根据被代理人××公司的意愿，正式向人民法院提起民事诉讼，要求贵公司给付货款和逾期利息，并由贵公司承担相应的法律费用。

我们已准备好诉讼所需的有关法律文件，准备于2019年12月20日正式提起诉讼。在正式提起诉讼之前我们不再另行通知。

一旦上述金额在2019年12月15日前全额付清，我们将立即停止诉讼。

开户银行：

开户名称：

账号：

×××律师事务所律师（电话10101010）

2019年12月10日

附：发票复印件

注意：为起到重要提醒作用，本信函可打印成红色；语言应当是对事实的陈述，而非威胁。

虽说催款函只是一封信件，但是，它却关系到你的回款能否顺利收回。如果运用不当，非但达不到催收回款的目的，恐怕还会影响回款的顺利回收，甚至是与经销商的正常交往。所以，催款函的书写是一门艺术，如果要使收款信函能有效地帮助你达到收款的目的，就要在书写时符合以下的原则。

（1）收信人信息具体

收信人的街道名称、门牌号码、单位全称一定要准确而具体。收信人要具体到个人，写清其职位、全称。像王经理、李主任等此类称呼并不好，虽然表示尊重，但是有时候却给了欠款人可乘之机，他们往往会说："我是王经理，可是我没有收到你们的催款信。我们这里有好几个王经理，信可能被送到别的王经理那里去了。"所以，书写收信人名称时应当具体为王成功经理、李自强主任等。

（2）债权债务清楚

在信函中应当将双方的债权债务关系及其法律依据陈列清楚；包含收款人据以收款的法定理由等要清楚；欠款人拖欠债款或拒绝履行义务的事实根据要清楚；要求支付的欠款金额写在信函的突出位置，一般位于信函第一行或右上角，表述一定要清楚。

（3）内容容易阅读

语言要简明、直接。尽量少用客套话，最好一开始就直奔主题，开门见山地把问题提出来。信中多使用简明的语句,遇到行业术语时应标出注解。整个信件注意使用短句,段落简洁,使人容易阅读。

(4)措辞要文明谨慎

收款人书写信函的时候用语要文明礼貌,不要有脏话、黑话、对欠款人进行人身攻击的话;要从长远合作的基础上考虑,用词要谨慎,要就事论事,不能一概而论。

(5)语气坚定

信函中的措辞要坚决,一定要明确地表明自己的目的,使对方知道,如果不能及时付款将要承担责任。这时要尽量使用规范的用语,不要用一些威胁性的话语逼迫欠款人。

(6)提出具体要求

收款人应当在信函中注明欠款人给予答复的期限,欠款人应偿还的具体金额,包括违约金、银行利息等,欠款人应当履行偿债义务的方式及最后期限等。当然,收款电函的内容因其选择的电函方式而有所增删。例如,当收款人向故意拖欠债务的当事人发送收款电函时,电函可加上"欠款人逾期未偿付欠款,应承担相应的法律后果"或"收款人将采取法律手段收回欠款"等内容,以加强收款电函的"力度";而当收款人采用电报的方式收款时,电文则应言简意赅。

信函书写完毕后,收款人应在信函尾部写明发函日期,并签名或者盖章,然后再邮寄或直接发送。

7. 召开会议，集中解决问题

当一个企业欠款人众多、债务零散分布并且这些欠款人之间彼此认识的情况下，收款人都会采用会议收款的方式。因为人们都有从众心理，当一个企业欠款人众多的时候，欠款人总是四处打听，生怕自己要是先付款就会吃亏，于是一直犹豫不决。如果收款人通过召开旨在收款或清欠的欠款人会议，找出先付款的欠款人作为典范，就会使其他欠款人打消顾虑，能更集中、全面和有效地解决债权债务关系。

某物资经销公司在清理债权债务关系时发现，有50家企业拖欠本公司的贷款，其中，仅本地的欠款人就有41家，涉及的债款约80万元。为了进一步摸清欠款人的情况和制定相应措施，该公司举行了一次"欠款人会议"。虽然这次会议收效不大，物资公司并没有收回欠款，但却了解了各欠款人的基本情况，如欠款人对其债务的认知态度和偿债能力，以及其愿意接受的偿债条件等。不久，物资公司召开了第二次"欠款人会议"，所有本地区的欠款人都与会参加，该公司表明，如果这些欠款人不能按时还清欠款，那么，公司将用法律的手段来解决。刚开始这41家公司还有观望心态，认为别的欠款人不还钱我们也不还，反正这么多的欠款人他告也告不过来。可是一听到这话，知道物资公司这一次是下定了决心，不还欠款是不行了。于是，有的欠款人因为欠款数额少，而有的是因为和该公司是长久的合作关系，不想为这事把关系弄僵，所以有一些欠款人当场就还了款。出于从众心理，到场的欠款人有钱的还钱，没有钱的也和物资公司签订了"延期还款协议"。物资公司通过两场"欠款人会议"，轻松地收回了本地区的欠款，并且和这些企业保持了良好的合作关系。

在清欠收款的实践中，会议收款法是一种简便而有效的收款方式，具体表现在以下几个方面：

（1）收款人握有主持欠款人会议的主动权

因此，在实践中，收款人可因地制宜、因事制宜或因时制宜地举行欠款人会议，以便及时清理债务。其次，由收款人主持欠款人会议，既方便又经济，无须投入大量的人力和财力。而且，在欠款人众多、债务零散分布的情况下，收款人通过会议的方式清欠，可以取得化零为整和一清多得的效果，有助于提高收款的工作效率。

（2）便于集中优势，扩大声势

收款人可利用主持欠款人会议的便利，选择或邀请收款高手助阵，以扩大收款的声势和气势，进而迫使欠款人认账还债。例如，收款人可聘请律师或法律顾问主持或参与会议，对欠款人进行法制教育政策攻心；收款人还可邀请工商、司法和欠款人的上级主管部门人员出席会议以协助解决收款难的问题。必要时，收款人还可邀请记者旁听、采访和报道，这样可以对欠款人施加社会舆论方面的压力。总之，上述诸多因素的结合，势必会形成对收款人极为有利的态势，有助于收款工作的顺利进行和取得更佳的收款效果。

当然，和其他收款方法一样，会议收款法不是万能的，掌握不好反而会增加回款的难度，白白浪费资源。只有在下面的情况下，才能够考虑使用会议收款法。

（1）债务总金额较大，但欠款人的平均债务数额不大

对数额不大的债务，欠款人一般具有偿债能力，会议收款法能发挥良好的作用。但对欠款人平均债务数额较大的情况，使用会议收款法往往不能达到及时结清债务的目的。

（2）欠款人众多，但居住地相对集中

如欠款金额不高，上门收款比较费时费力，而欠款人居住地又相对集中的情况下，不妨召开一个欠款人会议，集中收款。当然，如果欠款人众多，且分布于全国各地，收款人就难以召集所有欠款人到会，会议收款法的优势就难以发挥。

（3）债权债务关系明确，不易产生异议与发生争执

对事实清楚、证据充分、无争议或无异议的案件，使用会议收款法，一般能够奏效。这是因为在事实清楚、证据充分且无争议的情况下，收款人可凭借这种"一面倒"的优势，有效控制会场局面，达到预期的目的。反之就难以达到预期的成效，欠款人可能会为欠款人会议设置种种障碍，如拒绝到会等。

会议收款法，其关键当然就在会议上，做好了准备工作只是第一步，效果好坏的关键还是在于主办方是否能够把握会议的进程。稍有不慎，催债会

销售渠道把控经

就会变成债权债务双方剑拔弩张的"武斗会",或者债务人大倒苦水、百般挑剔的"诉苦会",因而在举办会议时,应当注意以下4个问题:

（1）收款人注意方式和方法

收款人不应把"欠款人会议"权当作"讨伐"欠款人的"战场",否则,欠款人已经"失衡"的心态可能转变为"抵触"或"敌对"的情绪,这将减损"会议收款法"的功效,也不利于收款方案的进一步实施。

因此,收款人在主持"欠款人会议"时,应注意方式和方法,例如,收款人既要以会议指挥者的身份向欠款人"发号施令",又要以平等者的姿态同欠款人对话;既要据理力争,又要"得饶人处且饶人";既要坚持原则,又要随机应变;既要理直气壮,又要避免"盛气凌人"等。只有这样,才能使"会议收款法"得以顺利实施。

（2）收款人应注重"榜样效应"

收款人在"欠款人会议"召开前,应对欠款人进行摸底排队,对愿意还债而又具有偿债能力的欠款人,收款人应动员其在与会期间当场办理清欠手续。如果这部分欠款人能够现场清结债务,这将产生"榜样效应",从而使那些犹豫或观望的欠款人感知还债的"大势"已经形成,进而自觉地还债清欠。

（3）对不同的人用不同的策略

①对个别"钉子户",辅之以"赔偿损失""追究法律责任"等震慑手段促使欠款人还款。

②对仅能偿还部分债款的欠款人,办理还债手续,对所剩余债,数额较小的予以放弃;数额较大的应立即与欠款人签署"余债延期偿付协议"。

③对愿意承担还债义务,但暂无偿债能力的欠款人,与之当即签订"延

期还债协议",并请公证部门现场公正。

④对愿意当场清欠的欠款人,邀请银行等部门现场办公,以协助办理清欠事宜。

⑤对发生争议或出现异议的债权,收款人可以通过和解、调解或仲裁的方式平息纷争;或者收款人立即调查取证,力争当场确权。

（4）注意分而治之

在会议收款时,采用"分而治之"的方法可以达到事半功倍的效果,具体方法如下:

①划片分类。即把相对集中在某一区域的欠款人划归为一组,这样,众多且分散的欠款人就被合并在若干小组。

②分片包场。收款人组成若干清债小组,"承包"对某区域的欠款人的清债工作。

③一片一"会"。各清欠小组负责对本区域中的欠款人施以"会议清欠法"。

8. 上门催讨必须讲究策略

上门催讨回款,可能是销售人员运用得最为普遍的一种催款方式了。因为相对于电话催款和信函催款,上门催讨的力度会更大,也能给经销商以一定的威慑力。同时,它也是双方之间加强联系的主要方式。

销售渠道把控经

销售人员要直接上门催收回款，绝不能像"无头苍蝇"一般到处乱撞。在上门催讨之前，应做好详细的计划并掌握上门催款的技巧、要领。虽说与打电话催款一样，上门催款也必须要在恰当的时间、找到关键的人，但是，上门催款和电话催款又有着很大的区别。

上门之前，销售人员必须做好充足的准备工作，以便能在催款交涉的过程占据主动。这个过程必须认真、仔细，因为一点点的马虎都有可能漏掉最关键的环节，从而导致整个催款的失败。不仅如此，即便准备工作做得很好，正式上门后，销售人员也不能说起话来随随便便，漫无边际。

人们常说"好的开始是成功的一半"，这句话是非常有道理的。在上门催讨回款的过程中，和经销商见面之后的开场白说得好坏将是非常关键和重要的。

张经理在这方面为销售人员做出了很好的榜样，还是先来看看张经理是如何面对面地向经销商追讨他的回款吧。

四川某市一家木材公司（简称甲）与云南某市一家家具公司（简称乙）签订供货合同。合同中约定，甲按照乙的要求向其提供一批木材，乙在收到货物后的1个月内将货款支付给甲。甲如期地履行了合同。可1个月过后，乙并没有按约定支付货款。甲多次派人前去催款，可乙有时称老板不在，不能付款；有时称会计不在，无法兑账。后来他们才知道，乙公司是一家私营企业，他们的老板身兼会计一职，所以要收款只要找到马老板就行。可是他一直避而不见，甲就算知道其中的原因也收不回欠款。

第六章 渠道回款
——确保企业血脉畅通

甲公司的张经理是一个精明的人，他知道家具公司会去参加一个木材产品订货会，所以就再不派人去催款，只等着订货会的召开。木材产品订货会如期召开，在订货会上，张经理不仅要和经销商谈新的生意，还要寻找家具公司的马老板。功夫不负有心人，在一家参展厂家的展台前，他觉得眼前这个人很面熟，经仔细确认后，证实此人正是自己寻觅已久的马老板。张经理趁马老板未认出自己之际，忙让一名随同人员同马老板假装洽谈生意（马老板并不认识随同人员），将其稳住，然后派另一名随同人员回厂拿先前与马老板签订的合同。

这天，张经理为答谢马老板在订货会上对自己公司的惠顾，邀请马老板到该市一家三星级饭店赴宴。马老板欣然答应。席间，马老板仍未认出张经理。张经理为稳住阵脚，并未立即向其提及双方的债务关系，而是吹捧马老板在事业上取得如何大的成就。马老板很高兴，一连同张经理干了好几杯酒。酒过三巡之后，张经理说及前几个月双方曾在业务上有往来，说罢便把几月前双方签订的合同拿给马老板看。马老板看后大吃一惊，想溜走，但一看形势对自己不利，只好乖乖地留下来听张经理发话。张经理也不为难马老板，将自己公司最近的情况向马老板介绍，并说明自己的公司确实受到资金短缺的困扰，向银行贷款又四处碰壁，此次收回欠款实属无奈之举。张经理还向马老板保证，只要马老板偿还欠款，双方以后还可以多加强合作。张经理的肺腑之言打动了马老板，他许诺两天后还债，并承诺以后继续同该公司开展业务往来。

马老板并没有食言，两天后偿还了欠款，同时张经理也因为制造巧遇，从而成功收回欠款而受到公司领导的表彰。

销售渠道把控经

其实，类似的做法也常常被很多销售人员所使用。他们为了能够让经销商多销货、多回款，往往如侦探一般将他们的有价值的信息全收集起来并进行仔细的研究，然后投其所好，制定并实施为经销商"量身定做"的讨债计划。

看到了吧，上门催款并不是一件简单的事情呢。它不仅需要详细而完备的计划，在此过程中还要掌握必要的程序和技术，要注意以下几个方面。

（1）必须按时或提前到达

到了合同规定的收款日，上门的时间一定要早，这是收款的一个诀窍。否则经销商有时还会反咬一口，说我等了你好久，你没来，我要去做其他更要紧的事，这样你会很被动。

（2）时刻牢记上门的目的

销售人员拜访经销商的习惯就是一见客就急着谈生意，这个习惯很不好。拜访经销商的目的是收回欠款，而不是推销商品，应该把收回欠款放在各种要解决的问题首位，等到应收账款结清之后再考虑自己的业绩，再与经销商谈新的生意。

（3）要找准时机

事先要调查清楚这一欠款人的经营状况，一旦出现亏损的迹象就要及时收款。欠款人的资金有限，一旦面临破产，众多的收款人都会前去收款，要是不找准时机，让别的收款人捷足先登，就会使自己的欠款成为死账。

（4）事先通知

在回收欠款之前,要先用电话、电报或者传真等方式通知欠款人,确定欠款人或相关负责人到时是否在场,提请对方准备款项。如果事先收款人没有通知欠款人,他们往往会以"你们怎么不早一点通知我们呢?我们现在没有现金"之类的借口来拖欠货款。收款人则因为自己不事先通知,而让自己白白浪费时间、精力。

(5)准备相应的单据

收款之前,收款人一定要将收款项目所涉及的相关发票单据准备好。其中包括交易中的发货单、收货单以及交易证明等,让自己的收款行为有凭有据。如果没有相关的单据,欠款人会说:"你无凭无据的,我为什么要给你付款?"这样只会给欠款人拖欠的理由,为其赢得更多的时间。

(6)准备零钱

不是每一笔欠款都是整数,很多时候会出现一些零头,这些不起眼的零头虽然数目小,但这都是企业的资金,是每一个员工的利益,不能因为零头数目小就抹掉。所以在收款前,收款人应准备一些零钱,以备不时之需。

(7)应收账款数目要准确

销售人员一定要明确应收账款的数目,如果应收账款的数目与对方应付账款的数目不符,则可能少收了欠款,会给公司造成损失;而多收了欠款,会影响自己在经销商心目中的形象。所以,收款数目一定要准确。对于应收账款的计算不仅要快,而且要准确无误。只有这样才能赢得时间、赢得经销商的信赖,进而顺利地收回欠款。

(8)计算要迅速、熟练

收款是一个数字游戏,不同阶段应收账款的数目,销售人员要心中有数。对于应收账款的计算不仅要快而且要准确无误。只有这样才能赢得时间，赢得经销商的依赖。顺利收回欠款。

（9）表现要坚决

销售人员在收款的过程中要表现出不拿到欠款誓不罢休的态度和气势。即使是朋友也要坚决做到交情放两边，理智摆中间。如果你收款时的表现很积极并一直坚持到底，经销商为了避免麻烦，也不会再坚持。反之，经销商可能就会欺软怕硬地使用各种手段来延期付款。

（10）依照规定执行

收款时一定要依照公司的规定来执行，绝对不能私自给经销商延长还款期限。

（11）留心倾听

收款人员在旁边等候的时候，还可听听经销商与其客人交谈的内容，并观察对方内部的情况，也可找机会从对方员工口中了解对方现状到底如何，说不定会有所收获。对于支付货款不干脆的经销商，如果只是在合同规定的收款日期前往，一般情况下收不到货款，必须在事前就催收。

（12）避免争辩

销售人员必须牢记：永远不要跟经销商吵架。因为每个人都爱面子，要给足经销商面子。在收款的过程中，经销商有时会因为一些小事发牢骚。此时，销售人员应该洗耳恭听，不要跟经销商争辩，因为在大庭广众之下跟他争辩，他会很没面子，就会另外找出各种理由延期付款。

9. 因人而异，巧用心理战术

千人千性格，万人万脾气。要想做到高效催款，就要根据不同人的性格特点制定不同的催款策略。例如，你的手中有两个经销商，分别是经销商甲和经销商乙，经销商甲属于感情丰富型的，而经销商乙则属于强硬型的。如果销售人员对这两个经销商使用同样的催款方法，十有八九很难两全其美。正是经销商之间的这种差异性，决定了向经销商催收销售回款的时候，你必须根据经销商的不同而制订不同的讨债策略，采取不同的催款方法。

所以说，要想保证同时从两个不同的经销商那里顺利地拿回销售回款，你必须区别对待，根据不同经销商的特点设计最合适的方法去催收。

为了能够更加顺利地向经销商催款，我们可以将经销商分成以下几种类型。销售人员掌握了经销商的这几种类型，便可以提早制订适当的催款方案，以实现顺利催款的目的。

（1）合作型经销商

总的来说，对这类债务人的策略思想可以用4个字来概括，即互惠互利。这是由合作型债务人本身的特点所决定的。他们最突出的特点是合作意识强，与他们交易能给双方带来皆大欢喜的满足。

①假设条件。假设条件策略就是清债过程中向债务人提出一些条件，以

探知对方的态度。之所以为假设条件，就是因为这仅仅是想要弄清对方的意向。条件最终可能成立，但在没有弄清对方的意向之前，它仅仅是一种协商的手段。假设条件策略比较灵活，使用得当可以使索款在轻松的气氛中进行，有利于双方在互利互惠的基础上达成还款协议。销售人员可以说："假如我方再供货一部分，你们前面的款能还多少？""每月还款10万，再送2吨棉纱怎样？"

需要指出的是，假设条件的提出要分清阶段，不能没听清债务人的意见就过早假设，这会使债务人在没有商量之前就气馁。或使其有机可乘。因此，假设条件的提出应建立在了解了债务人的打算和意见的基础之上。

②私下接触。即债权企业的清债人员或销售人员有意识地利用空闲时间，主动与债务人一起聊天、娱乐的行为，其目的是增进了解、联络感情、建立友谊，从侧面促进清债的顺利进行。

（2）虚荣型经销商

爱慕虚荣的人的特点是显而易见的，他们的自我意识比较强，喜欢表现自己，并且对别人的评价非常敏感。面对这种性格的债务人，一方面要满足其虚荣心，另一方面要善于利用其特点作为跳板。

①选择合适的话题。一般而言，与这类债务人交谈的话题应当选择他熟悉的事或物，这样效果较好，一方面可以为对方提供自我表现的机会，另一方面还可能了解对手的爱好和有关资料，但要注意到虚荣型债务人的种种表现可能有虚假性，切勿上当。

②顾全对方面子。爱慕虚荣的人当然非常在意自己的面子，否则也不会是爱慕虚荣的人了。催款人应当顾全对方的面子。索款可事先从侧面提出，

在人多或公共场合尽可能不提，这样可以满足其虚荣心。激烈的人身攻击多半会令对方恼羞成怒，所以应该尽量避免。要多替对方设想，顾全对方面子，并且让对方知道你从某某方面维护其名誉。

当然，如果债务人躲债、赖债，则可利用其要面子的特点，与其针锋相对而不顾情面。

③有效制约。虚荣型人最大的缺点就是浮夸。因此催款人应有戒心，不要被对方的夸夸其谈唬住。为了免受浮夸之害，在清债谈话中，清欠者应该对虚荣型债务人的承诺做记录，最好要求本人以企业的名义用书面形式表示。对达成的还款协议等意向应及时立字为据，要特别明确违约条款，预防对方以种种借口否认。

（3）强硬型经销商

从其性格特点来说，这种人往往态度傲慢、蛮横无理。面对这种债务人，寄希望于对方的恩赐是枉费心机，要想取得较好的清债效果，需以策略为向导。总体指导思想是，避其锋芒，设法改变其认识以达到尽量保护自己利益的目的。具体策略则有以下几种：

①沉默。这种应对策略讲究对债务人心理及情绪的把握。它对态度强硬的债务人是一种有力的清债手段。沉默策略会使对方受到心理打击，造成心理恐慌、不知所措，甚至乱了方寸，从而达到削弱对方力量的目的。沉默策略要注意审时度势、灵活运用。但如果运用不当，效果会适得其反，如一直沉默不语，债务人会认为你是慑服于他的恐吓，反而增添了其拖欠的信心。

②软硬兼施。这种策略是清债中常见的策略，而且在多数情况下能够奏效。因为它利用了人们避免冲突的心理弱点。如何运用此项策略呢？

首先将清债班子分成两部分，其中一部分成员扮演强硬型角色，即黑脸，黑脸在清债的初始阶段起主导作用；另一部分成员扮演温和型角色，即白脸，白脸在清债某一阶段的结尾扮演主角。在与债务人接触过一段时间并了解其心态后，由担任强硬型角色的清债人员毫不保留地、果断地提出还款要求，并坚持不放，依据情势，可表现出爆发式的情绪行为。此时，承担温和型角色的清债人员则保持沉默，观察债务人的反应，寻找解决问题的办法。等到气氛十分紧张时，由温和型角色出面缓和局面，一方面劝阻自己的伙伴，另一方面也平静而明确地指出，这种局面的形成与债务人也有关系，最后建议双方作出让步，促成还款协议或债务人立即还清欠款。

当然，这里还需注意，在清债实践中，充当强硬型角色的人应紧扣"无理拖欠"的事实，切忌无中生有、胡搅蛮缠。此外，两个角色的配合要默契。

（4）阴谋型经销商

这类型的债务人首先就违背了互相信任、互相协作的经济往来基础。他们常常为了满足自身的利益与欲望，利用诡计或借口拖欠债务。对付这类债务人，策略永远是最重要的。

①反车轮战术。所谓车轮战术，即债务人抱着让催款人筋疲力尽、疲于应付以迫使催款人作出让步的目的，不断更换洽谈人员应对催款人的方法。对这种债务人，催款人需要从以下几个方面加以遏制：

a．及时揭穿债务人的诡计，敦促其停止车轮战术的运用；

b．对其更换的工作人员置之不理，可听其陈述而不做表述，挫其锐气；

c．对原经办人施加压力，采用各种手段使其不得安宁，以促其主动还款；

d．尾随债务企业的负责人，不给其躲避的机会。

②兵临城下。所谓兵临城下，原本就有威胁逼迫的意思，这里也正是引用这一层含义。通常是催款人采取大胆的胁迫方法，这一策略虽然具有相当的冒险性，但对阴谋型的债务人往往能起到很好的效果。因为债务人本来就想占用资金，无故拖欠，一旦其目的被识破，其嚣张气焰必然会受到打击和遏制，这时清欠人员就可以趁热打铁迫使其改变态度。例如，对一笔数额较大的货款，催款人企业派出十多名清债人员到债务企业索款，使其办公室里挤满了催款人企业的职工。这种做法必然会迫使债务人企业尽快还款。

（5）固执型经销商

固执型债务人最突出的特点是坚守自己的观点，对自己的观点从不动摇。对付这类债务人的策略如下：

①试探。所谓试探，其目的就是为了摸清对方的底细。在清债活动中，试探多是用来观察对方的反应，以此分析其虚实真假和真正意图，提出对双方有利的还款计划。如果债务人反应尖锐，采取对抗的态度，债权人就可以考虑采取其他方式清债（如起诉）；如果债务人反应温和，就说明有余地。

当然，这一策略还可以用来试探固执型债务人或谈判人的权限范围。对权力有限的，可采取速战速决的方法，因为他是上司意图的忠实执行者，不会超越上级给予的权限。在清债商谈中，不要与这种人浪费时间，应越过他直接找到其上级谈话。对权力较大的固执型企业负责人，则可以采取冷热战术，一方面以某种借口制造冲突，或是利用多种形式向对方施加压力；另一方面想方设法恢复常态，适当时可以赞扬对手的审慎和细心。总之是要通过软磨硬泡的方法达成让对方改变原来想法或观点的目的。

②运用先例加以影响。虽然固执型债务人对自己的观点有一种坚持到底的精神，但这并不意味着其观点不可改变，只不过是不容易改变罢了。要认识到这一点，就不要在拟订策略的时候自我设限。为了使债务人转向，不妨试用先例的力量影响他、动摇他。例如，催款人企业向其出示其他债务人早已成为事实的还款协议，或者法院执行完毕的判决书、调解书等。

（6）感情型经销商

从某种意义上来说，感情型债务人比强硬型债务人更难对付，而在国内企业中，这类型的债务人又是最常见的。可以说，强硬型债务人容易引起催款人的警惕，而感情型债务人则容易被人忽视，因为感情型性格的人在谈话中十分随和，能迎合对方的兴趣，在不知不觉中把人说服。

为了有效地对付感情型债务人，必须利用他们的特点及弱点制定策略。

感情型债务人的一般特点是对人友善、富有同情心，专注于单一的具体工作，不适应冲突的氛围，对进攻和粗暴的态度一般是回避。针对以上特点，可采用下面几种策略：

①以弱胜强。在与感情型债务人进行清债协商时，柔弱往往胜于刚强，所以应当采用以弱胜强的策略。催款人或催款人要训练自己，培养一种谦虚的习惯，多说："我们企业很困难，请你支持。""我们面临停产的可能。""拖欠货款时间太长了，请你考虑解决。""能不能照顾我们厂一些。"以此争取动摇感情型债务人的心理，为达成协议提供机会。

②恭维。从感情型债务人的自身特点来说，他们较其他类型的债务人更

注重人缘,更希望得到催款人的承认、受到外界的认可,同时也希望债权方了解自身企业的困难。因此,说一些让对方产生认同感的赞美,对于感情型债务人非常奏效,比如,债权企业的清债人员可以说:"现在各企业资金都很困难,你们厂能搞得这么好,全在于你们这些领导。""你们这个行业垮掉不少企业了,你们还能挺过来,很不错。"

③有礼有节的进攻态度。与感情型债务人协商债务清偿时,催款人应当在协商一开始就创造一种公事公办的气氛,不与对方打得火热,在感情方面保持适当的距离。与此同时,可就对方的还款意见提出反问,以引起争论,如"拖欠这么长时间,利息谁承担"等,这样就会使对方感到紧张。注意不要激怒对方,因为债务人情绪不稳定,就会主动回击,一旦他们撕破脸面,催款人很难再指望通过商谈取得结果。

10. 场合不同,催款手段也不一样

人们都认为欠债还钱是理所当然、天经地义之事,倘若欠债的人久拖不还,甚至存心赖账,那么催款人登门讨债也就是合情合理之举。这种观念完全正确,不过,人们由此而传统地认为讨债的场合或者说讨债的地点只有一个——债务人的"门"内,即债务人所在地,这稍显片面。在多数讨债实例当中,讨债人或催款人确是登上债务人的"门"讨债。不论从理论上讲,还是在实践当中,讨债的场合都不仅仅只是债务人所在地一个地方。催款人或

销售渠道把控经

讨债人既可以走出去登门讨债，也可以请进来有礼节地催债，而一个具有扎实知识和丰富经验、有良好的心理素质和较强公关能力的讨债人员，还可以在各种场合从容不迫地实现自己的愿望，达到自己的目的，完成自己的讨债任务。

某纺织公司是一家私营企业，老板刘明因为传奇创业史成为当地一位威望很高、有头有脸的人物。2019年，该公司和外地一服装厂签订一批价值20万元的布料合同，约定服装厂分期付款给纺织公司。纺织公司按合同把布料发给了服装厂，可是却迟迟没有见到服装厂的付款。对一个私营企业来说，20万元足以让企业垮台，所以刘明就派人去催款，可是一直没有效果。

原来，2019年这家服装厂正处于换届阶段，两届领导人谁也不想去还这笔欠款。刘明得知后，决定亲自出面。2019年元旦是这家厂成立10周年的纪念日，也是新领导上任的好日子，服装厂要举行盛大的庆典。在庆典大会上，刘明迈步上前直向新厂长道喜："恭喜恭喜，厂长真是年轻有为啊。我是你们厂的一个合作企业的职工，今天代表我们厂前来向您以及你们厂道喜了。"刘明是出了名的大嗓门，他这一道喜，很多人的目光都转移到了他和新厂长身上。新厂长还没有明白这个人是怎么出现在这儿的，刘明又开始说话了："厂长，你们厂发展前景真是一片光明啊。我们厂就不一样了，现在连职工工资都发不出来。我们厂长和我说了，今天是您新厂长上任的日子，他说您这个厂长是一个知书达理的人，一上任就会给我们一个惊喜的。今天看到厂长这么有精气神，我就知道，厂长一定是个爽快人。"全场的人都在看着刘明和这位新厂长。其实这位新厂长早在几个月前就在管理厂里的业务，当然知道这笔欠款。他看到刘明的这一举动，知道这个人不好惹，并且当着这么多人的面他也不好说什么，只有说："我也刚上任，很多事我也不是很清楚，一会儿我们再谈。"可刘明不吃这一套，他又说："我记得半年前你们厂给我们的交货单上面写的厂长就是您啊，还是您亲自签的名呢。"厂长知道这样下去只会让人看热闹，况且这里还有好多自己的客户，所以只有悄悄地把会计找来，给了刘明一张20万元的支票，当场把刘明厂的欠款还清了。

从上面的案例中可以看到，有效地利用场合，对回款的催收有着多么大的作用！一些特殊或者关键场合对于成功催收回款的重要性，由此可见一斑。

那么，销售人员都可以借助哪些关键场合去催款呢？在这些场合中，销售人员又应该采取什么样的对策去催收呢？

一般来说，对销售人员催款比较有利的场合包括：约请对方催收、聚会上催收和喜庆场合催收等。在催款时，销售人员根据不同的场合采用不同的对待方式，将可以收到意想不到的效果，进而实现轻松回款的目标。

需要注意的是，由于场合不同，巧施催款的手段和方式也应该有所区别。所以，在催款之前，销售人员就应清楚地知道各种场合催款的技巧和利弊。只有这样，销售人员才能及时发现机会并"对症下药"，施展手段"迫使"客户就范。不然，轻则把自己弄得灰头土脸，自取其辱；重则惹恼对方，致使催款目标泡汤。

（1）约请对方催收

所谓"请进来"的策略，就是催款人在自己的大本营向债务人实施催款行为。它非常适用于这种拖欠欠款的情形——债务人不能按合同约定的期限还债，他们一般不会害怕与催款人见面，也不会躲避催款人，甚至有的还会主动拜会催款人，向催款人说明情况，争取得到催款人的理解和同情，进而得到债权人同意、缓期履行债务的允诺。

采用请进来的策略，最关键的是"请"的方式和"请"的时间，只要债权人请的方式巧妙、请的时间恰当，债务人通常会愉快地接受邀请，而债权人则能顺利地达到催款的目的。需要提醒催款人的是，不要等到债务人不还债的时候才想办法去向对方追讨。为此，在债务合同的期限快到之时，债权人就要把债务人请进自己的大本营，暗示对方要遵守债务合同的约定、按时清偿到期债务。

从我们所接触的催款实例来看，一些聪明精干的催款人大多采用这种方式达到催款的目的。更有一些老练的催款人在债务合同快到期限之际，邀请债务人到府上商谈另一笔生意，或者表示极大的兴趣准备和债务人再合作一次（当然其前提自然是要债务人先将快到期限的债务了结），有利可图，任何一个债务人都会乐意合作。这样催款人便会很轻松地达到索要债务的目的。

另外，催款人务必认识到，他和债务人的法律地位是平等的，不存在谁领导谁、谁管理谁的问题。因此催款人在采用请进来的策略时，务必友好地以"前来参加联谊会、讨论会、交易会"等名义邀请债务人。而直接通知债务人"务必于什么时间"到催款人府上"就有关债务问题进行磋商",势必在债务人心理上造成一种逆反、对抗情绪,导致对方拒绝合作。

（2）不期而遇催收

为了躲避债务纠缠,许多债务人经常在外"出差",致使催款人很难找到他。遇到这种情况,催款人并非束手无策、无所作为。只要催款人知难而上,善于创造并及时抓住机会,总会达到催款目的。所谓"机会",就是怎样寻找债务人,又怎样在不期而遇的场合缠住对方催要欠款。

不期而遇的场合很多,比如在火车、轮船、飞机等交通工具上,或者在一些公众场所、社交场合。这时,催款人切忌感情冲动而引出一些过激言词和过火行为。首先是要沉着、稳重、冷静,对债务人应当像久别的朋友意外相遇那样热情、有礼貌。等债务人在你的感染之下摆脱窘境后,再有礼有节、绵里藏针地向债务人讲明自己对债务清偿的要求。债务人假如对催款人不断恳求,或者动之以情、欺哄瞒骗,催款人务必记住一点：债务人不答应立即履行债务,你就一直同他纠缠下去,直到他答应立即履行债务为止。

另外,还有一种表面上是不期而遇,实际上则是有意"邂逅"。这就是催款人经过调查、知道了债务人的去向,然后跟踪而至。一般说来,债务人单纯为躲债而出去观光旅游的不多,特别是一些企业的负责人,他们大多是既躲债又开展业务。因此假如催款人跟踪而至,且缠住不放,势必对他的业务活动造成不良影响,在这种情形下,"不期而遇"的催款方式往往会产生奇效。

（3）各种聚会上催收

在现代社会中,每一个社会成员都处在纵横交错的关系网中,催款人或者债务人也不例外。特别是在商业活动基础上建立起来的复杂而广泛的社会关系，必然要求人们以各种各样的社交、聚会来加以维持。如果催款人在其他场合找不到债务人，或者见到了但没有机会实施催款行为，那么催款人就可以利用各种聚会、社交场合向债务人实施催款行为。

需要注意的是，催款人在这样的场合实施催款行为，更要做到有礼有节；因为催款人的言行举止是否符合礼仪要求，将会决定他是否会被参加聚会的人接受。如果催款人举止粗鲁、出言不逊，很容易遭到人们的拒绝和谴责，而在催款时难以赢得人们的同情和支持。可以说，在聚会和社交场合催款要求催款人具备出色的公关能力，才能达到预期的目标。

（4）喜庆场合催收

在经济生活中，一旦债权债务关系产生，那么催款人就要密切注意债务人的行动。只有这样，催款人才能抓住时机实施催讨债务的行为。特别是当债务人遇到重大喜事时，催款人在喜庆场合抓住时机索要欠款往往会产生特殊的效果。

比如当债务人举行隆重的庆典（如公司周年庆、新产品上线、销售业绩庆祝）时，催款人前去贺喜，可以把握住适当的时机巧妙地向债务人提醒或催讨债务。债务人高兴时常常都会有"慷慨之举"。但是需要指出的是，催款人不要怀有敌意或抱着捣乱的态度出席债务人的喜庆活动，因为这很容易引起债务人强烈的逆反心理和对抗情绪，使彼此之间的关系僵化甚至恶化，那么债务合同就会更加难以履行。

（5）不幸场合催收

在债务人遭受不幸的情况下催要欠款是指，法人债务即企业或经济实体遭受不幸时，催款人应当怎样实施催款行为。

一般来说，企业遭受不幸有如下几种情况：一是自然灾害，比如地震、洪水、台风等；二是人为灾害，比如火灾、人为重大机器事故等，以及因管理不善或因政策、市场变化等导致企业倒闭。不管哪一种情况，企业遭受不幸都会直接影响催款人的利益是否能够实现。而且，在实际经济生活中，凡是债务人遭受不幸，催款人很自然地就会想到自己的权利是否将遭受损失及如何保证自己的利益不受损失。在债务人遭受不幸的场合下，催款人应当正确分析造成不幸的原因以及不幸所带来的后果，然后根据实际情况采取有效的方法实现催款目的。

当然，如果债务人确实已无起死回生的能力和机会，那么催款人也要及时采取果断措施，保障自己的利益不遭受更大的损失。这种情况下，不能认为催款人是趁火打劫或是落井下石，催款人有权保护自己的权利不受损失。在现实经济生活中，也会出现催款人趁债务人家中发生不幸之时上门催款的，虽然用这种办法也能达到催款的目的，但是与我们所提倡的社会道德要求毕竟矛盾，而且这也可能引起债务人产生极端对立的情绪，从而使讨债更加艰难，甚至发生过火行为危害社会秩序，因此不宜多用。

总之，无论在哪种场合下催款，关键问题是催款人要把握好时机、根据不同的情况决定催款的场合，同时在具体的场合又能善于制造机会、把握时机实施催款。

第七章
渠道服务
——用"心"做好渠道

对于渠道营销来说，要想卖好产品、做好市场、创好品牌，没有良好的服务不行；对于消费者来说，对顾客服务的内容、水平的要求越来越高，好产品、好品牌没有好服务，顾客也不要。因此，企业在向顾客提供服务时，务必尽量为服务人员提供统一、科学、全面、规范、合乎情理的服务行为标准。

1. 全力打造顾客忠诚度

忠诚营销是为企业发展忠诚顾客的策划过程。企业忠诚的顾客越多，公司的收入就越多。另一方面，公司对忠诚顾客的支出也越多。发展忠诚顾客的获利率也往往高于公司的其他业务活动。一个公司应该在顾客关系活动中投入多少，怎样才能使成本不超过收益呢？

每一个市场都由不同数量的购买者组成。一个品牌忠诚者的市场是一个对品牌的坚定忠诚者在买主中占很高百分比的市场。

对营销人员来说，提高客户忠诚度就等于保证了售后服务的利润，拥有客户多少就是拥有了市场份额的大小。不少营销人员为提高客户忠诚度，在售后服务的便利性方面下了不少功夫，比如在客户比较集中的区域设立售后服务网点。

目前还没有一个统一标准的定义来描述客户忠诚度是什么，以及忠诚的客户究竟是谁。直接来讲，客户忠诚度可以说是客户与企业保持关系的紧密程度，以及客户抗拒竞争对手吸引的程度。

客户忠诚是从客户满意概念中引申出的概念，是指客户满意后而产生的对某种产品品牌或对公司的信赖、维护和希望重复购买的一种心理倾向。客户满意是客户对企业或企业产品与服务的一种态度，而客户忠诚则反映了客户的行为。一般来说，忠诚的客户往往具有这样一些基本特征：周期性重复购买、同时使用多个产品和服务、向其他人推荐企业的产品、对于竞争对手的吸引视而不见。

可见，对企业而言，提高客户忠诚度是非常有利的。那么，如何才能提高客户的忠诚度呢？

（1）识别企业的核心顾客

不少企业管理人员认为每一位顾客都是重要的顾客。有些企业管理人员甚至会花费大量时间、精力和经费，采取一系列补救性措施，留住任何一个顾客。而在顾客忠诚度较高的企业里，管理人员会集中精力，为核心顾客提供较高的消费价值。

（2）提出、阐述和广泛宣传企业的经营目标

如果企业不能详细地阐述企业经营目标，培养顾客忠诚度的努力就会化为泡影。在此过程中，企业应清楚了解并提高顾客整体利益的目的何在，是为了留住顾客、引导消费，还是招揽顾客？应清楚了解需要什么样的信息来帮助开展计划。

在阐述和宣传企业的目标管理过程中，如果股东对你的营销行为感到困惑，如果企业主要负责人无法控制其努力和结果，如果不能按顾客要求做得更好，这就说明在信息传递和获得人们的理解方面做得不够。

（3）把主动权交给顾客

这是培养顾客忠诚度的一个主要方面，忽略了它就会遇到不少麻烦。美国一家主要通信公司对自己的产品进行了重新设计，吸收了当今世界上最先进的技术，但消费者对此反应冷淡。此时，如果管理人员能征求顾客的意见，他们就会发现顾客的真正需求是加强售后服务，而不是增加产品的性

能。发现顾客真正需求的过程就是对产品品质的评估和对顾客基本需求进行判断的过程，其努力应放在解决基本需求问题上。满足了这些需求，企业就会成为顾客采购商品时的首选对象。当然培养顾客忠诚度并不像表面上那样简单，它不仅能促使顾客购买某个企业的产品，还会使顾客在供货商和企业发生困难时忠贞不贰。

（4）对顾客的需求和价值进行有效的评估

在充分理解顾客需求的基础上，把需求按其重要性进行先后排序，对影响顾客忠诚度的产品品质、创新、价格和企业形象等因素确定其相对重要性。这一过程可通过电话采访、信函询问或面对面交谈等方式进行，选择何种方法取决于顾客的偏好、所提问题的类型、被调查人数的多少，以及各种调查方式所需的费用。

调查成功与否在很大程度上取决于顾客对所提问题的态度。例如，某一大型石油公司的一个部门通过信函进行了一次调查，按问题重要性将其分为10个级别，级别越高，问题就越重要。调查要求顾客对不同类型的产品和服务标准做选择。问卷收回后发现每项产品和服务都被列为9级或10级。另一个部门对顾客进行调查时，要求该部门对每一个类型的产品进行比较，并决定哪个产品更重要。这种方法使得该公司了解了到满足顾客需求比竞争更重要。所以要有效地运用顾客满意程度调查，提高调查的针对性，以及要保持调查内容的一致性等。

同时，企业应努力加强其形象和声誉。最近，某家信息服务机构发现它的声誉因长期缺乏服务而受到了损害，顾客认为与服务价值为市场战略中心的新竞争者相比，该公司太高傲了。这个负面影响使顾客转向了其他竞争者。后来该公司重新评估了顾客的需求、员工的素质和服务渠道等因素，对公司战略进行了调整和改善。

（5）有效制定计划并付诸实施

这一步骤的目的是把对顾客忠诚度的管理变成经营之道。顾客的呼声必须成为企业的营销目标，对此，企业的职能部门要相互协作，认为抓不住顾客就是公司的营销人员不称职的说法是片面的，事实上，公司吸引和留住顾客的过程中，营销仅仅是其中的一个部分，即使是世界上最优秀的营销部门，对劣质产品和没有需求的产品的推销也无能为力，只有当公司所有的部门和职工互相合作、共同设计和执行一个有竞争力的顾客价值传递系统时，营销部门才能有效地工作。

2. 产品的售后服务一定要"做到位"

随着市场经济的深入发展，一些新的市场营销理论相继出现，但不管市场营销理论如何发展，万变不离其宗，都是为了满足消费者日益变化的需求。所以，只要企业时时刻刻从消费者的角度思考营销方式、方法并付诸实施，那就会促使企业快速走近消费者、走向市场。在新产品推广过程中，企业更应重视售后服务。因为，消费者在尝试使用一项新产品、新业务时，都有"试试看"的心理，如果在使用的过程中感觉不方便、售后服务不好，那就会一传十、十传百地变成负面宣传。

在这一点上，不妨看看海尔的售后服务。他们在销售了某一产品后，会从不同侧面来了解用户的消费过程、消费感受。其实，某些电信运营商也已开始学习海尔的售后服务模式。当然，关注售后服务，不光要关注客户的消费感受，还应不断地赋予这项业务新的内涵，增加服务项目等。比如利用电话提供一些智能业务，通过内容服务商提供新的服务，利用技术的改进提供宽带服务等，让用户在使用的过程中不断享受到新的服务，这就会增加用户的黏性，提高消费者的忠诚度。

事实上，消费者评判企业售后服务质量一般是从以下6个方面进行考察：

（1）人员技术

即能否第一次就把产品修好或保养好。

（2）服务收费

包括报价单的详细程度以及员工的解释情况。

（3）服务时效

包括实际维修时间与承诺时间对比。

（4）服务态度

包括服务的诚恳度，处理返修的方式和程序等。

（5）配件供应

即配件供应的质量及时效。

（6）硬件设施

包括维修检测设备、泊位和进出设施、休息和娱乐设施等情况。

对售后服务作业，企业可以从下列几方面进行：

销售渠道把控经

无条件服务——不管怎么样，满足最终用户的需要，维持与最终用户的良好关系，是一项永无止境的工作。美国的汽车销售公司恪守的信条是，无论顾客提出什么要求，回答永远是"Yes"，他们甚至不介意半夜起来去帮助半路抛锚的汽车司机摆脱困境。日本丰田公司所造的莱克苏斯牌汽车造型豪华，一次，因为发现内部制动灯固定装置有一点小毛病，虽然客户没有要求，维修人员还是到每一位车主家中把车开走，等维修好之后再把车还给主人，因而在顾客中建立了良好的信誉。

全面服务——国际商用机器公司（IBM）不仅提供一流的产品，更注重提供一流的服务。他们之所以能够在计算机行业保持领先地位得益于他们较早地认识到服务在营销中的作用，他们努力做到向顾客提供一整套计算机体系，包括硬件、软件、安装、调试、传授使用方法以及维修技术等一系列附加服务，使得用户一次购买便可以满足全部要求。

额外好处——日本资生堂公司为了打开美国市场，推出了一系列适合美国妇女口味、包装精良、使用方便、气味高雅的产品，同时以服务质量取胜。他们不仅待客亲切有礼、服务周到，而且还免费提供脸部按摩，甚至记得打电话祝福顾客生日快乐。美国饮料行业的可口可乐、百事可乐，牙膏行业的高露洁、可莱斯特等生产厂商设法推出形式不一的优惠券，结果培养了消费者的品牌忠诚。

组织措施——一方面，企业本身要建立起内部的专门机构。例如通用电气公司在麻省匹兹费尔德建有"客户服务中心"，每周召开"客户快速市场反应"会议，当场制订出实施方案，另一方面就是建立好销售网。例如佐丹奴公司总部通过电脑系统随时可以了解旗下商店、专卖店的营业情况，包括每一柜台、每一款式、每一尺码的成衣销售和库存情况；宝洁公司派出12人到美国零售商沃尔玛公司总部，与之共同设计销售方案。

真诚相待——商品价格是对买卖双方来说最敏感的因素，经营正派的商店采取真诚的态度。意大利蒙玛公司规定新时装上市以定价卖出，然后以3天为一轮，每隔一轮削价10%。到了1个月也就是第10轮后，时装价格已经降到最初价格的35%左右，即成本价，所以往往是一卖即空。

重义轻利——商店不能见利忘义，只管挣钱而干没良心的事情。而这种注重道义的做法，反过来常常又为公司赢得了极好的信誉和高额的利润。

超值服务——对顾客提供额外的好处，是商店非价格竞争的拿手好戏，各种各样的形式令人眼花缭乱。例如退款、送货上门、免费食品、游戏等。

3. "欢迎"客户的抱怨

顾客对产品或服务的不满和责难叫作顾客抱怨。顾客的抱怨行为是由对产品或服务的不满意而引起的，所以抱怨行为是不满意的具体的行为反应。顾客对服务或产品的抱怨即意味着经营者提供的产品或服务没达到他的期望，没满足他的需求。另一方面，也表示顾客仍旧对经营者抱有期待，希望能改善服务水平，其目的就是为了挽回经济上的损失。因而，对待顾客的抱怨，企业一定要慎重处理，在最短的时间内处理好顾客的抱怨，让顾客由抱怨转变为满意。

销售渠道把控经

美国宾州有一家公司叫"新猪公司",名字很土,但发展很快。创办人毕弗说他喜欢听顾客抱怨,这话听起来有点自谑的味道,他说:"你应该喜欢抱怨,抱怨比赞美好。抱怨是别人要你知道你还没有满足他们。"顾客抱怨正是商机。毕弗发现,每一个顾客的抱怨都使他有机会拉开与其他业者的差距,帮助他做一些对手还没做的事。例如,曾有些客户抱怨产品新猪的"猪"一旦碰上酸性物质或是其他溶剂就会变成一摊烂泥。其实毕弗大可对这些抱怨者说:"谁叫你不看标识说明?这个产品的设计本来就不是用来处理酸性物质的。"但是他没这么说,反而跟一个客户共同开发出高价位的"有害物质专用猪"。毕弗又根据另外一个客户的抱怨,开发出可浮在水面,并且能吸油的"脱脂猪"。

太多的公司不予理会顾客的抱怨,认定他们的顾客是爱挑剔而难讨好的人,满嘴的"我、我、我",只显露出他们的不识货,这种态度是危险的。顾客的抱怨是企业取得发展的商机,也是售后服务的一个重要方面。例如,在3M公司,大量新产品的最终思路都来自顾客的抱怨,他们将此利用为一种机会。相反,对怨言处理不当,则会使企业在顾客心目中造成不良的印象。作为营销人员,一定要正确处理顾客的抱怨。

在处理顾客的抱怨时,首先要重视顾客的抱怨,顾客的抱怨是可以扩散的。顾客的不满,在某种意义上来说对厂商确是一种灾祸。因为产品质量毕竟还存在问题,顾客有意见不向厂商诉苦也会向别人诉苦。与其让顾客向别人诉苦,扩大对本公司利益的损失,不如让其向厂商诉苦,好让厂商作出正确的处理，消除顾客的埋怨，使之成为转祸为福的机会。日本三洋电机公司几年前曾发生一起轰动全日本的顾客不满事件，该公司生产的充电电池因质量不佳，受到社会普遍指责，报纸以庞大的篇幅将该电池报道为不良产品，使该公司声誉大受伤害。面对如此严峻的局势，该公司认真吸取教训，努力改善品质，董事长发动公司和各营业单位人员携带优质产品及礼品，挨家逐户为顾客替换不良产品，诚恳地向顾客道歉。公司这种勇于承担责任、关心消费者利益、决心改善产品品质的作风迅速扭转了原已深入人心的恶劣形象，博得许多顾客的谅解和信赖。

其次，要清楚抱怨产生的原因。这是处理顾客抱怨，实施售后服务的人员的管理一般方法。从大多数顾客抱怨的情况看，顾客的不满绝大多数都是由于推销员所推销的产品或提供的服务存在着缺陷，这些缺陷在顾客使用产品的过程中暴露出来，就引起顾客抱怨。再次，在处理顾客抱怨前，首先要弄清楚顾客到底在抱怨什么，然后才能有的放矢地找到解决方法，具体情况具体分析，采用退还现金、退换商品、服务调节等方式。

处理顾客抱怨最重要的一点就是接待人员的态度，要引起营销人员的高度重视。东北有一家商场在这一方面做得格外好，其强调如果对待一般顾客"十分热情"，对退货顾客就要"十二分热情"，为此赢得了顾客的喜爱和信赖。

处理顾客抱怨的第一件事，就是向顾客道歉。第二件事，就是耐心地倾听顾客的意见。就服务人员而言，可能会经常听到顾客相同的抱怨和指责，难免在心里有种"又来了"的感觉，所以在处理同样的事情上，就变得随便而轻率。可是对顾客来说，却是为了诉苦才前来，并不希望你如此就将他打发了。所以，营销人员要培养服务人员替顾客着想的态度，为了正确判断顾客的抱怨，服务人员必须站在顾客的立场上看待对方提出的抱怨。时常站在顾客一方想一想，许多问题就好解决了。另外，顾客在发怒时，他的感情总是容易激动的，此时顾客对服务人员流露出来的不信任或轻率态度特别敏感。

一般服务人员之所以不能容忍顾客的不满，主要是误认为顾客的不满是针对他个人而来的，这个观念是不对的。因为顾客的不满，并非全由服务人员引起，大多是不满意公司的产品，当看到推销该产品的营业员时，难免就会数落几句，营业员就以为这是冲着他来的，为了维护自我的尊严，就会做种种的辩驳或说明。但是，正在气头上的顾客，是无法立刻安静下来听服务人员解说的。所以服务人员应先向顾客道歉后，再仔细倾听顾客不满的原因，这是很重要的。至于道歉，不要以为低头认错就可以了事，更不可以逃避责任的方式来认错。

处理顾客抱怨须遵循一定的原则。"当场承认自己的错误须具有相当的勇气和品性；给人一个好感胜过一千个理由"。即使客户因误解而发生不满，在开始时也一定要向他道歉，就算自己有理也不可立即反驳，否则只会增加更多的麻烦，这是在应对客户抱怨时的一个重要原则。另外要善于克制自己，避免感情用事，冷静地慎选用词，用缓和的速度来说话，争取思考的时间。处理抱怨时切忌拖延，而且处理抱怨的行动也要让顾客能明显地察觉到，以平息顾客的愤怒。向顾客道歉时要有诚意，绝不能口是心非，应该发自内心地关心顾客的焦虑。

处理客户抱怨有一定的语言技巧，营销人员如果掌握了这些语言技巧，顾客就会由抱怨而转为信赖。

综上所述，营销人员在处理顾客抱怨时，要先从思想上摆正顾客的位置，保持冷静，不与顾客争执，不冲动，心平气和，把它当作工作中的问题来处理，千万不要加入私人感受。在必要时，可以把怒气冲冲的客人带离座位，让他独自调理情绪，或发泄怒气。相信顾客，即使怀疑顾客某些抱怨的可信度或真实性，也不要流露出猜疑情绪，更不应质问顾客。更正错误，不乱找理由、借口，更不要为错误作辩护、找借口。要学会解决抱怨，并从中发现商机，做别人所未做的事情，从而领先于竞争者。

4. 一流的服务带来一流的营销力

21世纪需要的是无处不在的服务和不断完善的服务细节，谁拥有了顾客，谁就能赢得市场，就是市场的胜利者。

现在，市场上的竞争是如此激烈，以至于企业几乎不可能完全依赖过去的成功经验使客户始终忠诚于自己。竞争者会虎视眈眈并时刻准备抢走你的客户——甚至是最忠诚的客户，而客户流转的情况还是在真真切切、时时刻刻地发生的。为了能够争取更多的顾客，企业除了必须持续、一致地为客户提供高性价比的产品外，还必须为客户提供一流的服务。

成功的客户服务战略不会自动形成，它必须通过规划、执行、监控、调整才能日趋完美。为了创建成功的客户服务战略和与之配套的高效组织体

销售渠道把控经

系，企业需要制定并反复完善相应的管理流程，如此，才能保证企业在国内和全球范围内为客户提供优质的服务。

可以说，领导人应努力将"销售导向型"企业转变为"服务导向型"企业，这对企业获得长期成功是非常必要的。

英国航空公司在科林·马歇尔接任公司总裁之前，是一个非常糟糕的公司。它的员工大量流失，而且广大顾客觉得英航的飞机比较肮脏，纷纷转向那些规模小却有生气的竞争者，这使公司面临困境。

马歇尔上任后进行了改革，重新编组了英国航空公司的机群，并重新调整了公司资金结构以及员工薪金。对于马歇尔来说，最重要的改革，就是要改变员工的观念，振作他们的士气，恢复他们的信心。马歇尔的目标，是要让英航成为世界上最优秀、最成功的航空公司。为此，马歇尔采取了两条措施：一是努力调动员工的积极性和提高工作人员的素质；二是开展"顾客第一"的培训活动。

为挽留住顾客，为他们提供更好的服务，提高员工的工作效率和工作热情。马歇尔认为，只有坚持不懈地向顾客提供优质服务，公司才能重新振兴。如何提供优质服务呢？马歇尔进行空间运输改革，他把膳食和饮料引进了区间运输线，让员工把飞机收拾得更干净整洁，让顾客可以在飞机起飞前买票订座，鼓励全体机组人员诚心欢迎每一位顾客，热情周到地为他们服务，他还不断地催促地勤人员提高飞机起飞的准点性。这些旨在通过鼓励员工达到提高服务质量的改革，取得了显著成效，许多离去的顾客又被吸引回来了。

第七章 渠道服务
——用"心"做好渠道

马歇尔还实行了"顾客第一"的培训活动。首先，从顾客联络员开始培训，当时英航的全部（约2.1万名）联络员都投入了这次"如何使顾客感到满意"的活动。然后，培训活动扩展到公司的每个人。这些培训内容包括：大脑的功能、压力的控制、身体语言以及正反两方面的思维等。为了让员工明白这种培训的重要性，马歇尔也亲自参加了这些培训课程的学习。这种培训使得公司员工学会了如何处理与顾客之间的关系，并且也认识到处理好这种关系是相当重要的。

培训活动也带来了显著成效，英航不断有人想出新招来提高公司的服务质量和改善公司的形象。例如在圣乔治节这一天，给每一位顾客送上一朵红玫瑰花。这些新举措，终于使英航摆脱了困境，在航空业界重新崛起，成为举足轻重的航空公司之一。

服务企业面临着三大市场营销任务，即提高竞争性差异、服务质量和生产率。马歇尔的信条是乘客是第一的、最后的、是一切的一切。一个航空公司好比汽车出租公司，只有提供比其竞争对手更好的服务质量，才会战胜对手。英国航空公司通过对员工进行培训，使公司员工学会了如何处理与顾客的关系，提高了员工的服务意识，使公司摆脱了困境。可以说，好的市场营销策略可以改变一个公司的命运。

服务也是产品，服务是顾客需求的核心内容，是产业链变革的主题，是企业竞争优势的源泉，相对于技术、质量、价格、渠道这些营销要素而言，服务更容易为企业营销带来飞跃。在营销背景下，服务已不再是一种被动应对，而是一种主动迎合，是一种战略性的销售工具和赢利工具。

事实上，在品牌竞争和服务竞争时代，企业要想营造出自身独一无二的竞争优势，就必须强化企业的服务能力，以服务来营造竞争力。

5. 构建全方位的售后服务体系

一般售后服务与优质售后服务有很大差距，优质的售后服务可以提高顾客的忠诚度，为商家提供更多的发展机遇。营销人员要想方设法为顾客提供优质售后服务。

春兰（集团）公司是集科研、制造、贸易、投资于一体的高科技、多元化国有大型综合企业集团，中国工业企业综合评价500优的五强之一。

总部下辖电器、自动车、电子、商务、海外5个产业公司，建有春兰研究院、春兰学院、春兰博士后工作站等科研、教育机构。5个产业公司分别管理分布在全球范围内的不同产业的42个独立子公司（工厂）。

春兰的业务范围主要包括：家电制造，机动车制造，半导体、电子制造，国内、国际贸易投资。其中家电制造部门为中国规模最大、经济效益连续数年雄踞中国日用电器行业之首，机动车部门跻身同行中具有较高盈利水平的少数企业之列，电子部门实现了高速增长。

第七章 渠道服务
——用"心"做好渠道

作为较早积极进入世界市场、主动参与国际竞争的中国企业,春兰已在欧美、中东和东南亚建有装配工厂、销售网络和技术开发中心。空调器、摩托车、电冰箱等产品销往世界82个国家和地区。海外投资总额和海外贸易总额均位于中国国有企业前列。

秉承一贯倡导的理念,春兰坚持以振兴民族工业为己任,坚持不懈向世界先进技术挑战,为早日成为国际著名公司的目标全力以赴。

春兰商务集团是国内大型专业服务和贸易商,建有覆盖全国的先进营销服务体系,是春兰旗下五大产业公司之一,下辖春兰销售公司等4个独立法人单位。该集团在全国主要销售地区的各大中城市建有150多家春兰专卖店、52家春兰服务总站、1000多家春兰特约维修点、7个中转库、36个配供中心,日运发货能力达1500吨,并为春兰海外公司提供配套服务。

该集团业务范围包括春兰产品销售、服务、结算、仓储、发运、进出口等。

在春兰经营理念的指导下,春兰商务大力拓展市场空间,全力推行"春兰金牌服务",全过程、全天候、全方位、全身心地为春兰产品用户提供售前、售中、售后服务。面对竞争空前激烈、国际开放度日益提高的国内市场,积极、灵活的应变策略为春兰商务集团赢得了巨大商机。

春兰销售公司隶属春兰商务集团,设有业务、账务、财务、储运等部门,负责春兰电器集团、春兰自动车集团和春兰电子集团生产的空调、冰箱、洗衣机、摩托车、汽车、电视机、电脑等春兰全部产品的市场销售、账务结算、仓储、运输、服务等工作。

江苏春兰进出口公司隶属春兰商务集团，主要负责集团公司下属各产业集团所有产品的出口业务及与生产科研相关的进口业务。目前已与世界上93个国家和地区建立起业务联系，初步形成了春兰产品的国际销售网络，1999年全年进出口总额超1亿美元。公司由一支高效精干的青年队伍组成，他们熟练掌握英语、日语、法语等，精通国际商贸实务，具有很强的业务能力。

星威春兰连锁店有限公司隶属于春兰商务集团，是从事春兰产品零批、零售业务，对全国星威春兰专卖店销售实施统一管理的专业性公司。星威春兰连锁有限公司在全国设有150多家星威春兰专卖店和3000多家春兰产品经销专柜（店中店）。

春兰服务有限公司隶属春兰商务集团，负责组织落实春兰产品的"四全"服务，并实施春兰驻外服务公司（总站）和全国春兰产品专业、特约服务单位的管理。春兰服务公司在国外设有60家春兰服务总站、12家春兰综合服务公司、1000多家春兰特约维修点。（高民杰.渠道制胜[M].北京：中国经济出版社，2009：158.）

春兰的优质售后服务值得营销人员学习。当然，优质售后服务远非上述几种形式，通常情况下，优质售后服务还有如下几种表现形式：

（1）超前服务

个性化的服务在于员工要有主动精神，超前服务即主动服务。要保证主动服务，需要让员工树立起主动服务意识，先客户之想而想，先客户之急而急，先客户之需而动。以主动服务引导需求、满足需求。并且员工应主动寻找为客户提供服务的机会，就是在客户暂时用不着员工为他们提供服务之时，员工也要"时刻准备着"，伺机而动。"用户至上，用心服务"是中国电信的服务理念。他们尊客户为衣食父母，用心服务是电信服务的最高境界，是实现客户满意度的唯一选择。他们将此服务理念贯穿于企业运营管理的全过程中。

（2）领悟服务

在某些时候，顾客想让员工做些什么，却又碍于面子不便明说，或者顾客有某种难言之隐，这时需要员工能"心领神会"，敏感地觉察他们内在的需要，并作出恰当的反应。例如有的老顾客在筵席上明明没吃饱，但看到他人不吃主食了，自己也不好意思吃了。这时员工就该提供心领神会的服务，把盛着小点心的盘子移到他面前，巧妙地说："我们做的小点心很好吃，请您一定尝尝。"客户一定会感到十分满意，从而对员工产生好感。

（3）超常服务

员工应针对每一位客户的特殊需要，在不违背服务原则的前提下，提供相应的服务，满足客户"超出常规"的需求。这种特殊需要有两种情况：一种情况是客户自己提出的不同于其他客户的要求，而这种要求在服务规范中是没有的，这正是员工为客人提供针对性服务的大好时机；另一种情况是虽然客户本人并没有提出特殊要求，但他有这方面的需要，这就要靠员工用眼去观察，用心去发现，然后提供针对性的服务。员工对一些特殊的客户应格外注意，如老年客户年高体弱、行动不便；残疾客户肢体残缺、起居不便；情绪不佳客户敏感多疑、反复无常……都要针对他们心理与行为特点做好服务工作。

营销本身就是一个包含售后服务的系统，营销人员只有提供优质的售后服务，才能建立客户的满意度，最终促进销售，提升业绩。

6. 顾客就是"上帝"

企业的生存和发展都源于交换。顾客用他们的钱来换取企业的产品和服务，"顾客是企业的生命之源"。失去顾客的企业，是无法生存下去的。营销人员必须把良好的服务质量摆在首要位置，用"顾客就是上帝"的宗旨赢得企业的生存和发展。

一个以顾客感受为中心的服务策略才能受到消费者的关注，如果营销人员能够关注每一位顾客的感受，并满足每一位顾客极为个性化的需求，必将取得极大的成功。

在美国，戴尔是第一个向制造商直接出售技术支持的公司，它把向顾客传递满意的服务与支持制度化了。这个公司以"戴尔视野"为基础，创造出一种服务能力，它认为，顾客"必须掌握质量技术，并感到愉悦，而不仅仅是满意"。事实上，这个公司在1993年就认识到，通过零售商，诸如沃尔玛销售个人电脑，在提供顾客服务上都会产生问题。当它把销售模式改变为以邮寄订单为基础时，它的利润就又一次开始增加了。

戴尔站在为顾客服务的立场进入市场，辅之以低于品牌形象的价格，同时通过许多渠道进行促销，最基本的渠道就是在个人电脑和企业出版物上做广告。为满足大公司客户的需要，还在一些主要的市场派驻销售人员。

戴尔的销售力量根据他们各自服务的市场不同而划分为不同的销售渠道：中小企业和家庭用户、公司客户、政府、教育、医药单位。每一销售渠道都有自己的市场、顾客服务和技术支持机构。这样的组织机构确保了每一位顾客最大的满意度，同时也保证了每天从顾客处得到直接的信息反馈。而其他通过批发渠道销售产品的个人电脑制造商就缺乏这样的优势，从而也就不能迅速地对市场的变化和服务的要求作出相应的反应。

戴尔整个的产品线通过电话进行销售，每个电话销售代表每年往往需要回答8000多个打进来的电话。除了回答顾客主动打进来的电话外，以奥斯汀为基地的销售人员还为同样从事销售活动的其他地区的团队成员提供咨询和支持。

销售订单一天内多次传递给制造工厂，而且所有的软件系统都是为最大限度地满足消费者的需要而根据顾客的特殊要求量身定做的。

后来，戴尔在美国、英国、德国和法国开展的"顾客满意度"民意测验中一直名列前茅。戴尔的企业文化以业绩为导向并强调顾客满意。有70%以上的戴尔的客户已成为重复购买者。一如既往地关注顾客的满意度，这正是戴尔能够在强手如林、竞争激烈的个人计算机市场上站稳

销售渠道把控经

脚跟,并且快速成长的关键因素。

以顾客为中心其实就是从一切角度为顾客提供最大、最有价值的服务,知顾客之所需,供顾客之所求。营销人员只有不遗余力地去兑现对顾客的承诺,才能维护企业的形象。

以顾客为中心的服务模式是由斯蒂文·阿布里奇建立的"服务三角形"。他强调企业服务策略、服务系统和服务人员都要以顾客为中心,形成"服务三角形"。

"服务三角形"的每一个部分都相互关联,每一个部分都不可缺少。服务策略、服务系统和服务人员三者共存又相互独立地面对顾客这个中心,各自发挥着作用,顾客则是这个"服务三角形"的中心。

要制定出好的服务策略,首先必须明确自己企业所属行业的状况,还要学会从顾客的角度出发考虑问题。服务系统在企业的服务中占有相当重要的地位,这个系统必须保障完善和畅通。如果一旦出现问题,就要立即予以调整和改善。优秀的服务人员,可以确保企业成为以顾客为中心的企业。营销人员必须在相应的岗位上起用合适的人才,在该做什么的时候就做什么。

"服务三角形"如此重要,营销人员应该认识和了解这一"三角形",并根据它提出工作建议,改进工作方法,使企业更好地为顾客服务。

许多公司不断追求高度满意,因为那些一般满意的顾客一旦发现有更好的产品,便会很容易地更换供应商。那些十分满意的顾客一般不打算更换供应商。而高度满意和愉快创造了一种对品牌情绪上的共鸣,而不仅仅是一种理性偏好,正是这种共鸣创造了顾客的高度忠诚。

满意的顾客可以提供大量可信的口头广告,在顾客做购买决定时,亲友和熟人的推荐比公司掏钱做广告的影响要大得多;现有的那些老顾客比不了解你的潜在顾客更有可能表现出采购热情。

满意的顾客不会为了新产品或较低的价格而随便离去,他们留下来的时间越长,你的赢利也越大。

今天,没有哪家企业会不明白用户满意的重要性,大量的事实表明,满意的客户能够给公司带来收益的增长和成本的节约;顾客越喜欢你,他们就买得越多,忠诚的客户愿意支付更高的价格,他们总是愿意从那些要价虽高但服务较好的公司进行采购。

7. 好的售后服务是一把无形利器

优质的售后服务是一个企业生存与发展的根本,更是销售人员回款的无形利器。不少拖欠账款的企业都会找出种种原因来推卸责任、逃避还款义务,其中最常用的托辞之一就是对方的服务不周到,给自己造成了损失。众所周知,销售工作是从签署订单开始,到回款结束,售后服务显然也是销售工作的一个重要部分。

商业巨子王永庆先生创业之初,在中国台湾的嘉义开过一家米店。开张初期,米店的生意非常差,因为销售对象是每个家庭,而他们都已经有固定的米店供应,王永庆要把别家米店的固定客户挖过来

销售渠道把控经

可谓相当困难，不少人劝他改行。不过，不服输的王永庆并不就此收摊关门，失败反而激起了他的斗志。为了让更多人知道自己开了米店，他每天更加勤快地拜访邻居街坊，让大家慢慢开始了解他。皇天不负有心人，王永庆终于争取到几家愿意试用的客户，开始有了一些生意。

王永庆心想："如果我的米的品质服务不比别人好的话，这几家好不容易争取来的试用客户，说不定在试用之后又会回头向原来的米店买米了。这么一来，连原有的试用客户也保不住，更谈不上再去争取其他新客户了。"

为了开拓更多的新客户以及维系正在交往中的客户，王永庆花了许多工夫，用心研究每个家庭买米的习惯和他们最关注的问题。不久，王永庆终于找到了留住老客户的关键所在。他认为"品质"是客户最关心的，于是他将米的品质进行改善，将混杂的米堆里的米糠、砂粒、小石头等杂物处理干净，再卖给顾客。

除了改善米的品质之外，王永庆又想到了一套主动服务客户的方法——"先发式服务"。"先发式服务"受到顾客的热烈欢迎，王永庆米店的生意越做越好，而且几乎每次都能把赊欠的米款收回来。

王永庆这套"先发式服务"的方法是这样的：

主动先发：改被动等顾客上门买米的方法为主动送米到顾客家里，一般在顾客吃完米之前的两三天，王永庆就已经把米送到顾客家里；

先进先出：送米到顾客家里之后，在把米倒入米缸之前，把旧米淘出来，将米缸清洗一下，然后把送来的新米放在下层，旧米放在

第七章 渠道服务
——用"心"做好渠道

上面;

用心记录：利用顾客最方便付款的时间前去收款。王永庆将客户分门别类，用心打听出他们的发薪日，然后记下来，等顾客发薪之日再前往收款，结果一般都很顺利。

王永庆的"服务制胜法"，主要在于争取顾客的好感，满足其需求。这就是他能够百分之百收回米款的诀窍所在。（高民杰·渠道制胜[M]. 北京：中国经济出版社，2009：164.）

从上面的实例可以了解到，客户签署订单之后，生意并没有结束，推销工作才刚开始而已。其实，真正的推销工作永远没有终点，当客户第一次答应订货时，业务代表只不过是完成了推销的起步工作而已。

客户订货之后，除了业务代表之外，还要"劳师动众"一番，经过公司的生产人员、财务人员、业务助理、仓储人员的工作，才能将客户订的货品交给客户。

这些"连续性、反复性"的工作所花费的时间，可能和业务代表与客户洽谈生意的时间一样多，在这些行政和服务作业的流程中，只要公司提供的产品品质略有瑕疵、交货速度稍有耽搁或者开具发票略有错误，客户就可能不愿意结清货款，甚至还要中止以后的交易。

所谓销售，是由调查、推销、收款和服务共同构成的，这4项活动在顺序上可能有先后之别，在个体上相互独立，但就其整体关系而言，是密不可分的。所以，绝对不要以为推销成功、拿到客户的订单大功告成了。特别要记住，在推销完毕之后，业务代表进行的信息跟踪和售后服务的工作，比在推销之前可能会更多。假如在成交之后没有做好信息跟踪和售后服务工作，

销售渠道把控经

想轻易地收回货款再创新的业绩，真是难如登天。

可以说，好的售后服务，就是销售人员手中一把无形的利器，有了它，销售人员便可以更轻松容易地拿回销售回款，从而更顺利地完成企业交给的销售任务。

那么，售后服务做到什么地步，才算是"优质"的呢？

一般来说，要想达到"优质"的售后服务，必须从以下几个方面着手进行：

第一步：理解客户。

要知道，当你的产品出现问题时，客户的愤怒就像充气的气球一样，如果客户的怨气发不出来，必然会在你和客户之间产生难以消除的隔阂。所以，必须要让客户将怨气适当地发泄出来，毕竟客户的本意也是想"表达他的情绪并把他的问题解决掉"而已。那么，当客户向你发脾气、道牢骚的时候，你应当采取什么样的方式来对待呢？一般来说，最好的方式是闭口不言、仔细聆听。不过要注意，千万别让客户觉得你在敷衍他，所以应该保持情感上的交流。认真听取客户的意见，把客户遇到的问题判断清楚。

第二步：诚恳地道歉，并让客户明白你已经了解到他的问题。

有的时候，道歉并不意味着你做错了什么，而是一种缓冲矛盾冲突的手段而已。你必须明白，在这里重要的不是要追究谁对谁错，而是你该如何解决问题并阻止它的扩大和蔓延。记住：花费大量的时间去弄清楚究竟是谁对谁错，最终的结果无论对哪一方都是没有好处的。所以，在这一环节，让客户知道你已经了解他的问题，并请他确认是否正确。此外，你要善于把客户的抱怨归纳起来。

第三步：收集有价值信息。

要注意，客户有时候可能会省略掉一些重要的信息。因为他们以为这并不重要，或者碰巧忘了告诉你（当然，有的客户为了掩饰自己的过错而刻意隐瞒）。但是，你一定要记住自己的任务，那就是"了解当时的实际情况"。另外，你还必须要搞清楚客户到底要的是什么，千万不要只是按照表面意思去理解，那样一来可能会产生更大的麻烦！假如客户和你说："你们的产品不好，我要换货。"你能知道他内心的想法吗？不能。所以，你要从他们的话中找到你需要的答案。

第四步：提出解决办法。

这一步骤最为关键，因为对客户的问题提出解决办法才是我们的根本。回想一下，当我们在饭店等候饭菜上桌时，那些饭店老板是通过哪些小手腕来减少顾客等待的焦急的？一般来说，他们可能会给你一盘小菜或者是一杯免费的酒，对吗？那么，你面对客户时，也可以通过类似的办法来找到有效的解决办法。

第五步：询问客户的意见。

在为客户解决问题时，会出现客户与你的想法相差甚远的情况，此时，你考虑过应该怎么办吗？其实很简单，就是在你为客户提供了解决方案后主动地向客户询问一下意见。如果客户的要求可以接受，接下来你只要迅速、愉快地完成就可以了。

第六步：跟踪服务。

其实，总的来说，跟踪服务应该贯穿于售后服务的始终。因为只有如此，你才能在第一时间发现问题，并迅速地解决它。也正因为你的跟踪服务让客户喜欢你，而对你另眼相看，到了关键时刻（比如回款的时候），才能为你帮忙。

销售渠道把控经

没有售后服务的推销是一种降低客户付款意愿的自杀式做法，不足为取。不懂得做好售后服务的业务代表更是客户最不欢迎的人。为了达到提升收款成绩的目标，业务代表应当主动地为客户提供完善的售后服务，从而成为一位到处受人欢迎的收款高手。因为，成为销售高手的重点之一，就是成交后不要忘了给客户提供竞争对手永远跟不上的售后服务。